華族令嬢たちの大正・昭和

華族史料研究会 編

吉川弘文館

目　次

はじめに……1
華族について　四人の横顔　本書の成り立ちについて

I　華族に生まれて

1　両親と家系……10
将軍家の娘　肥後五十四万石の後裔　武家の名門　明治の貴族　原田熊雄の風貌

2　名前とお印……23
名前の由来　使用人・旧臣からの呼ばれ方　お印

3　厳しい躾……29
躾と教育　たしなみとしての芸事　跡継ぎへの期待と重圧　厳しさと自由

4　伝統とモダン……38

先祖の祭祀　クリスマス　大名相撲　能楽　カメラ

5　家政運営……50

華族の体面と職業　表と奥

Ⅱ　華族令嬢としての教育

1　女子学習院という小宇宙……60

入学の風景　独特な学制　教育勅語と金剛石の御歌
質素にして奥床しき　徳育の重視　教学聖訓

2　華族の女学校として……75

思い出の先生たち　歴史授業のむつかしさ　特殊な欠
席理由　試験と成績　体を鍛える　学校帰りの風景

3　たのしい学校行事……93

修辞会・欧語会・音楽会　体操会　多彩な学外行事
修学旅行

4　皇室とのゆかり……101

卒業式と皇后行啓　皇族の同級生

Ⅲ　思い出の風景

1　避暑地の夏休み……106
海辺の思い出　大磯の海水浴　山や高原での避暑　軽井沢　開放的な別荘の生活

2　はなひらくスポーツ文化……120
女子学習院の庭球会　テニスの大会で優勝する　スキー・スケート

3　少女たちを取りまく世界……128
仲良くなる友だち　細川邸の雛祭り　決められた友人　御相手さん　お金を持たされなかった少女時代　関東大震災　二・二六事件

Ⅳ　結婚の季節

1　制約だらけの男女交際……144
男女七歳にして席を同じうせず　御供つきのデート

2　華族女性の縁談……148
「徳川十八代」と婿選び―徳川家から上杉家へ　アメ

リカ帰りの青年伯爵に嫁ぐ—細川家から寺島家へ　結婚後アメリカへ—原田家から勝田家へ　大名家の婿取り—京極家の場合

3　華族の結婚式……162
花嫁修業　披露宴　婚礼衣装　新婚旅行とお国入り

4　新婚生活……173
崩れゆく表と奥　家庭の味

V　戦火をこえて

1　嵐の太平洋……180
日米開戦　陸軍の横暴

2　女性と戦争……188
戦中からはじまった変化　空襲で九死に一生を得る　それぞれの終戦

VI　華族の戦後

1　混乱のなかで……202

近衛文麿の自殺　華族でなくなること

2　戦後を生きる……207

華族の戦後　新たな習慣へのとまどい

3　華族に生まれ……212

祖父母たちへの眼差し　皇室の藩屛として　華族として生きる

参考文献

あとがき

執筆者紹介

写真一覧

京極典子（学習院女子中等科・高等科図書室所蔵）……4
寺島雅子（学習院女子中等科・高等科図書室所蔵）……4
勝田美智子（学習院女子中等科・高等科図書室所蔵）……4
上杉敏子（学習院女子中等科・高等科図書室所蔵）……4
原田熊雄一家（勝田美智子氏所蔵）……18
寺島雅子四歳（寺島雅子『梅鉢草』より転載）……48
細川侯爵本邸（寺島雅子『梅鉢草』より転載）……54
女子学習院（『女子学習院五十年史』より転載）……61
女子学習院幼稚園（京極典子氏所蔵）……63
はなすみれの御歌（『女子学習院五十年史』より転載）……81
巴合戦（女子学習院『おたより』四八号所収）……88
体操会（学習院女子中等科・高等科図書室所蔵）……95
修学旅行（女子学習院『おたより』三二号所収）……98
徳川公爵逗子別荘……107
大磯駅での原田一家（勝田美智子氏所蔵）……109
大磯の海水浴場（大磯町郷土資料館所蔵）……110
細川侯爵軽井沢別荘（寺島雅子『梅鉢草』より転載）……114
軽井沢会テニスコート……116
田園インビテーション・トーナメント決勝記念写真（勝田美智子氏所蔵）……122
優勝カップ（勝田美智子氏所蔵）……123
寺島雅子結婚式（寺島雅子『梅鉢草』より転載）……153
京極家のお国入り（京都府立丹後郷土資料館『丹後京極氏と肖像画の世界』より転載）……171
結婚間もない頃の京極典子（京極典子氏所蔵）……174
龍田丸（日本郵船歴史博物館所蔵）……182
平河町にあった寺島伯爵邸（寺島家所蔵）……185

はじめに

かつて日本には華族という貴族階級が存在した。本書はともに大正期に華族に生まれた京極典子《きょうごくのりこ》・寺島雅子《てらしままさこ》・勝田美智子《しょうだみちこ》・上杉敏子《うえすぎとしこ》という四女性によるオーラルヒストリーである。四人の家庭や生い立ちについてはそれぞれの語るところに譲り、ここでは本書の導入として彼女たちの出身である華族や、インタビューの経緯について簡単に触れておきたい。

華族について

華族という身分が誕生したのは明治二年（一八六九）六月十七日のことである。もっともこのときは単に大名と公家とをあわせただけで、士族や平民とおなじく族称にすぎなかった。その後、近代国家建設の槌音が響くなか、華族も新たな貴族階級として造形され、明治十七年に制定された「華族令」では、公侯伯子男という五等の爵が定められるとともに、従来の旧公家・大名に加え、国家に偉勲ある者も数多く華族に列せられることとなった。当初、公爵が授けられたのは旧摂家、徳川宗家（将軍家）および維新の功績による三条・岩倉・毛利・島津（二家）各家の当主であった。侯爵以下も家格や石高、功績に応じてそれぞれ授けられ、伊藤博文《いとうひろぶみ》や山県有朋《やまがたありとも》・松方正義《まつかたまさよし》・大山巌《おおやまいわお》といった薩長の実力者たちは一躍華族となった。四人の実家をみると、上杉敏子氏の徳川宗家は先にみたとおり公爵、寺島雅子氏の細川家は旧肥後熊本藩五十四万石という外様の大藩で侯爵、京極典子氏の京極家は旧丹後峰山藩一万三千石と石高は小さいが中世以来の名門で子爵、勝田美智子氏の原田家は、彼女の曾祖父原田一道《はらだいちどう》が勲功により華族となり、男爵を授けられた。

華族は、憲法により貴族院に議席を有することが認められ、また体面の維持に必要な財産を世襲財産として設定し保護することができた。このほかにも爵の世襲、宮中席次の保有、子弟の学習院入学などさまざまな特権が与えられていた。華族は「皇室の藩屏《はんぺい》」と位置づけられ、彼ら自身もまたこのことを強く任じていた。

四人が生まれた大正期の日本は、明治という苦闘の時代が終わり、一九一四年にはじまった第一次世界大戦には連合国として参戦し、一九一九年に開かれたベルサイユ講和会議には戦勝国として出席、翌年創設された国際連盟には常任理事国の一角を占めるなど、「一等国」として国際的な威信を強めていた時代であった。政治的には二大政党制が「憲政の常道」といわれ、外交は国際協調が基本とされた。また生活をみても都市を中心にスポーツ、芸能、ファッションなどさまざまな文化がはなひらいた。こうしたなかで華族は社会の上流層として、政治・経済・文化各方面の担い手として活躍した者も少なくない。もっとも明るい話ばかりではなく、一九一七年に起こったロシア革命と社会主義の台頭は華族たちを戦慄させた。芥川龍之介《あくたがわりゅうのすけ》が「将来に対する唯《ただ》ぼんやりとした不安」を動機に自殺したのは昭和二年(一九二七)のことであるが、華族もまた不安に苛まれており、社会運動に身を投じたり、社会主義に傾倒する者もあらわれた。まさに光と影の交錯する時代であった。

やがて平和とデモクラシーの時代は終わりを告げ、一九三〇年前後より世界は再び動乱へと加速していく。日本も満州事変以降、戦時色を強めていき、相次ぐ戦争の果てに昭和二十年八月の敗戦を迎えた。華族もまた時代の激流に翻弄され、最終的には日本国憲法施行に伴い昭和二十二年五月二日かぎりをもって廃止された。その誕生から消滅まで七十八年であった。四人は華族の絶頂期から、消滅までの三十年を経験したことになる。

四人の横顔

四人のプロフィールについてはあとに譲るとして、彼女たちの人となりや調査時の雰囲気を知ってもらうために、私たちが当時受けた印象をもとに四人の横顔を紹介しておきたい。まずは年長の京極典子氏から。典子氏は、大正四年(一九一五)生まれでインタビュー当時は八十歳を超していたが、気品ある美貌がとても印象的であった。典子氏にかぎらずいずれもお洒落で、常に上品な微笑みをたたえていた。典子氏は記憶力が抜群で、インタビューではいつも明確な口調で答えられた。凛とした挙措は、峰山京極子爵家のたった一人の跡継ぎとして幼い頃から家の名誉と命運を背負ってきたなかで培われたのだろうかなどと思いをめぐらしたものである。

寺島雅子氏は京極氏より一歳年下、「私はお転婆ですからね」とおっしゃっていたとおり、自由奔放な少女がそのまま大人になったような感じであった。彼女が語る少女時代の思い出は、堅苦しいこと

京極典子

寺島雅子

勝田美智子

上杉敏子

は嫌いで、逆に身体を動かすことは大好き、お稽古ごともそこそこに自宅の庭で舟漕ぎの練習に熱中するといった具合で、その型破りな華族令嬢ぶりにはいつも驚かされた。そういった話をするときの雅子氏のやや得意げでいたずらっぽい表情が今も目に浮かぶ。雅子氏には『梅鉢草』という自伝がある。本書と重なり合う部分も多く、併読をお勧めしたい。

　勝田美智子氏は雅子氏と同級生である。ハイカラな家庭環境がそのまま雰囲気にもあふれていて、とてもお洒落であった。美智子氏は小柄な容姿からは想像がつきにくいが、かつて全日本テニス選手権大会女子ダブルスで優勝したこともある名テニスプレイヤーである。インタビューのなかでもそうしたテニス少女の面影を端々に窺うことができた。テニスにかぎらずハイカラな原田家の雰囲気は西洋の上流家庭を連想させるものがあり、その談話は華族のモダンで先進的な面が結晶化したようであった。

　最後の上杉敏子氏は、四人のなかでは最年少の大正七年の生まれである。おっとりとした雰囲気は徳川宗家という出身と相まって、華族令嬢とはかくあるものかと思ったりしたものである。インタビューでは想像もつかないような経験やエピソードを披露されることも多く、驚嘆しつつもさすがは徳川宗家と妙に納得してしまったことも一再ではない。なお敏子氏の姉松平豊子《まつだいらとよこ》氏、妹保科順子《ほしなゆきこ》氏にはそれぞれ『春は昔―徳川宗家に生まれて―』『花葵―徳川邸おもいで話―』という著作がある。本書によって三姉妹の思い出話が揃うことになり、こちらの併読もお勧めしたい。

本書の成り立ちについて

本書は平成十三年（二〇〇一）十月十一日より、翌年六月十六日にかけて概ね毎月一回、全八回行われたインタビューをもとに、これを時代と内容によって全六章に編集し、解説を付したものである。四人は毎月一回、社団法人霞会館《かすみかいかん》（その前身は華族会館）において開催される「六年会」という午餐会に出席していたことから、終了後に居残っていただき私たちの調査にご協力を願った。六年会は、もとは大正六年度の学習院中等科卒業生の同期会であったが、時代とともに会員が減少したことから、一学年下の同期会と合同し、さらに会員の夫人や子弟、親類を加えながら存続してきたという由緒ある会である。京極典子氏の場合、夫高鋭《たかとし》氏が発足時からの会員であり、彼女はその縁で夫の亡きあと会員となった。他の三人もそれぞれ血縁や交友を通じて会員となった。華族の集まりというと、木戸幸《きどこう》一《いち》・近衛文麿《このえふみまろ》・原田熊雄《はらだくまお》（勝田美智子氏の父）・有馬頼寧《ありまよりやす》・松平康昌《まつだいらやすまさ》・広幡忠隆《ひろはたただたか》・岡部長景《おかべながかげ》・酒井忠正《さかいただまさ》らの「十一会」（大正十一年発足からこの名となる）が、昭和史に大きな足跡を残した「宮中グループ」の母体として有名だが、同会にかぎらず華族にはさまざまな集まりが存在した。六年会もそうした集まりの一つで、こうした文化は戦後にも引き継がれ、霞会館には現在もさまざまな会合が存在する。なお長い歴史を有する六年会であったが、平成十八年十一月に惜しまれつつ解散した。

インタビューのコーディネートは霞会館常務理事大久保《おおくぼ》利恭《としひろ》氏と尚友倶楽部調査室上田《うえだ》和子《よりこ》氏にお願いした。霞会館については先にみたとおり、尚友倶楽部は伯爵・子爵を中心とした貴族院議員選挙団体「尚友会」の流れをくむ社団法人で、『山県有朋関係文書』『品川弥二郎関係文書』『有馬頼寧日記』など一連の「尚友叢書」の刊行で知られる。お二人の協力なしに調査は到底なし得ず、この場を借りて厚くお礼申し上げたい。ちなみに大久保氏の父親で、日本近代史学の泰斗として知られる大久保《おおくぼ》利謙《としあき》氏も六年会のメンバーで、利恭氏はその縁で六年会員であった。調査には大久保・上田両氏のほか大久保氏の長女洋子《ようこ》氏にも同席いただいた。

　その調査であるが、聞き手の私たちは当時は大学院生を中心に二十代から三十代前半ということで、意欲は旺盛なものの経験に乏しく、充分な質問ができなかったり、話の内容についていけなかったりと反省すべき点が少なくない。ただあるとき京極氏が「調査というので厳めしいおじさんが来られるのかと思ったら、申し訳ないけれど孫のような若い人ばかりだったので安心しました」とおっしゃってくださったように、堅苦しくない、和気藹々とした雰囲気のなかで行えたことはよかったと思う。実際、調査では四人は毎回少女時代に戻ったかのようにさまざまなことを話してくださった。話題が話題を呼び、掛け合いのなかで次々と記憶が蘇ってくるさまは圧巻であった。まさに座談の妙といってよい。調査は毎回概ね二時間を目途としたが、話が盛り上がりすぎて予定時間を超過してしまうこともめずらしくなかった。そうした一方で、失礼やまちがいのないように慎重に言葉を選びながら話されていたのも名誉と体面を重んじる華族らしく感じられた。

談話内容は、四人の誕生から戦後の華族制度の廃止前後までの体験や見聞が中心である。家系や両親、兄弟や家庭のこと、学生時代の思い出、結婚事情など多岐にわたり、いずれも華族女性の生活ぶりの実態を伝える貴重なものとなっている。また談話中には多くの人物が登場するが、日本近代史に名を残す著名な人物も多く壮観である。今思いつくままに人名をあげても天皇・皇族はもちろんのこと近衛文麿、西園寺《さいおんじ》公望《きんもち》、木戸幸一、天璋院《てんしょういん》（篤姫《あつひめ》）、山本五十六《やまもといそろく》、白洲次郎《しらすじろう》・正子《まさこ》夫妻、志賀直哉《しがなおや》、梅若実《うめわかみのる》（六郎《ろくろう》）、横綱双葉山《ふたばやま》など枚挙に暇がなく、華族の人的ネットワークの広がりの一端が窺えて興味深い。

　華族というと華やかな印象ばかりが目立つが、本書後半で語られる彼女たちの戦中戦後体験は、そうした見方が一面的でしかないことを教えてくれる。「贅沢は敵だ」「欲しがりません勝つまでは」と声高に唱えられた戦時体制下では、華族であること自体が世間の反感を招来しかねず、周囲の視線を意識し、遊離しないように懸命につとめるなかで、華族は階級的特質を縮小させていった。さらに疎開や空襲、戦後のソ連侵攻情報に怯えるといった経験は、従来あまり知られることのなかったものである。これらの証言は、華族という枠を越えて苦難の時代を女性がどう向き合い、いかに生きたのかを伝える肉声の記録として貴重であり、本書の史料的価値を高めてくれる。

　最後に本書の凡例について述べると、談話の採録にあたっては、できるだけ調査時の雰囲気が損なわれないよう気をつけるとともに、内容理解のために適宜［　］で註を補うなどした。なお調査にあたって私たちは四人にできるだけ当時の用語や表現でお話しいただくようお願いした。これは証言の歴史的意義に鑑みてのものであり、本書の編集にあたってもこうした表現はそのままとした。本書の意図をご理解いただきたい。また年号表記についても、おなじ理由から元号を用い、外国の事象については西暦を使用した。

それでは四人による古《いにしえ》の華族の世界にお入りいただこう。

Ⅰ　華族に生まれて

1　両親と家系

将軍家の娘

上杉敏子《うえすぎとしこ》は徳川宗家第十七代公爵徳川家正《いえまさ》の二女として大正七年（一九一八）四月十三日に生まれた。母正子《なおこ》は最後の薩摩藩主、公爵島津忠義《しまづただよし》の九女である。正子の姉には寺島雅子《てらしままさこ》の祖母充子《みちこ》や、山階宮《やましなのみや》菊麿王妃《きくまろおうひ》となる常子《ひさこ》、久邇宮邦彦王妃《くにのみやくによしおうひ》となる俔子《ちかこ》らがいた。敏子の兄弟には兄家英《いえひで》および姉豊子《とよこ》、妹順子《ゆきこ》がいた。両親の結婚は、徳川第十三代将軍家定《いえさだ》夫人で、明治以降も家内で絶大な発言権を有していた天璋院《てんしょういん》（敬子《すみこ》・篤姫《あつひめ》）のたっての希望により、二人が生まれる前から決められていたという。

敏子が生まれた頃の徳川宗家は祖父家達《いえさと》夫妻が健在であった。家達は文久三年（一八六三）生まれ、もとは田安亀之助《たやすかめのすけ》といい、慶応四年（一八六八）最後の将軍慶喜《よしのぶ》にかわって宗家をつぎ、明治十七年（一八八四）華族令により公爵、明治三十六年から昭和八年（一九三三）まで実に三十年にわたり貴族院議長をつとめた華族社会を代表する人物であった。祖母泰子《ひろこ》は慶応三年、左大臣近衛忠房《このえただふさ》の長女として生まれた。いわゆる「男勝り」な性格で、家内全般を取り仕切り、敏子にも強い影響を与えている。

父家正は明治十七年生まれ、東京帝国大学法科大学卒業後、外務省に入り、英国大使館参事官、シドニー総領事、カナダ公使、トルコ大使などをつとめ、昭和十五年に父家達が亡くなると公爵となった。敏子の姉豊子によると家正は話が上手で、機智に富み、よく人を笑わせていたという。家正は、昭和二十一年より最後の貴族院議長をつとめ、また昭和三十八年二月に亡くなるまで砂防協会会長などの地位にあった。母正子は明治十八年生まれで、鹿児島で厳しく育てられたこともあり、おとなしく、じっと堪え忍ぶ質であったという。

○上杉　父徳川家正は外交官でした。でもあまり外交官向きの人ではなかったと思います。明治時代の華族は、子どもを軍人か外交官にしたかったようですね。母はちょっと自分を抑えられていましたね。というのも祖母がとてもできた人で、男勝りですし、私たちの面倒を全部みていました。若いときは、姑が万事仕切っていますから何の発言権もありません。子どもたちのことも、学校のことも何でも全部祖母がみていましたから、ちょっと脇にどけられて、気の毒でした。母が生まれた薩摩はとても男尊女卑の強い土地でした。「喜怒哀楽を表してはいけない」「大きい声を出してはいけない」「口を開けて笑ってはいけない」と母がよく言っていました。母は「自分を出すな」という人でしたから、外交官の奥さんにはまったく向かず、外国に行ってもあまり好ましくなかったのです。結局、母は東京に帰されて、父は単身赴任でした。母はずっと一人で東京にいて、孤独でかわいそうでした。母は生まれる前から父と婚約していたそうです。天璋院様は父が生まれる前に亡くなりましたが、「今度、島津家に生まれた子どもが女の子だったら絶対に長男の嫁にしなさい」というお言いつけがありました。母は「私はお腹にいるときから婚約していたのだよ」と言っていました。今ではちょっと考えられないような話ですよね（笑）。

祖母は十六歳で嫁いできて、その頃は第十四代将軍家茂《いえもち》公のご生母の実成院《じつじょういん》様とか、某々院様といってどなたかのご生母とか、そういう方がたくさんいらっしゃいました。祖母はそういう方に教育されて大変だったのだと思います。それから慶喜公のお子様方を引き取って教育していたのです。直接には、それぞれ御付《おつき》の女中がいますけれど、ずいぶん苦労をしていたようでございます。ですから、祖母はそれが身についていました。

肥後五十四万石の後裔

寺島雅子は大正五年十月三十一日、旧熊本藩主家当主、侯爵細川護立《ほそかわもりたつ》の二女として生まれた。父護立は明治十六年侯爵細川護久《ほそかわもりひさ》の四男として生まれ、はじめは分家を継いだが、大正三年、兄護成《もりしげ》の養子となり侯爵となった。護立は四男という気ままな立場もあって奔放に成長したとされ、こうした活発さは雅子にも遺伝したようである。雅子の母博子《かねこ》は旧岡山藩主家侯爵池田詮政《いけだのりまさ》の長女で、その母充《みち》子《こ》は島津忠義の娘である。よって雅子の母と上杉敏子とはいとこの関係となる。雅子の祖母宏子《ひろこ》は佐賀藩主鍋島閑叟《なべしまかんそう》の五女である。

護立は美術収集家としてつとに有名で帝室博物館顧問、文化財保護委員会委員、京都国立博物館館長、日本美術刀剣保存協会会長など数多くの役職をつとめるとともに、昭和二十五年には細川家伝来の古典籍や、美術品保存のため永青文庫《えいせいぶんこ》を設立したことで知られる。護立と美術との関わりは日本刀がはじまりで、文化財保護委員会美術工芸品課長などをつとめた日本刀研究の第一人者本間順治《ほんまじゅんじ》に師

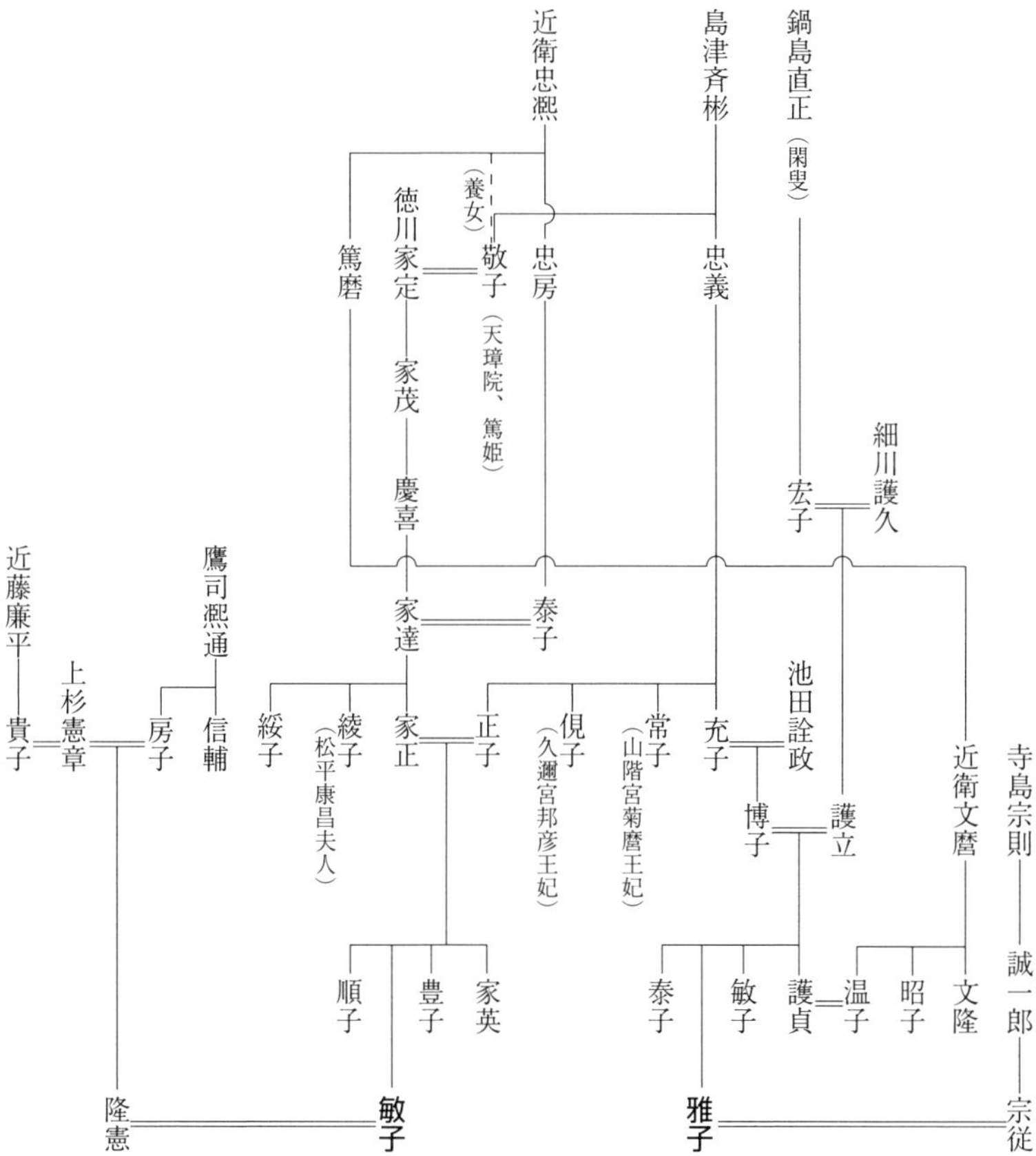
鍋島直正（閑叟）
島津斉彬
近衛忠煕
（養女）
篤磨
徳川家定
敬子（天璋院、篤姫）
忠房
忠義
細川護久
宏子
家茂
慶喜
家達
泰子
池田詮政
近衛文麿
寺島宗則
鷹司煕通
近藤廉平
上杉憲章
綏子
綾子（松平康昌夫人）
家正
正子
俔子（久邇宮邦彦王妃）
常子（山階宮菊麿王妃）
充子
博子
護立
信輔
房子
貴子
順子
豊子
家英
泰子
敏子
護貞
温子
昭子
文隆
誠一郎
隆憲
敏子
雅子
宗従

事した。護立は華族社会の重鎮として貴族院で活躍し、戦後は昭和二十四年より四十四年まで華族会館の後身である社団法人霞会館《かすみかいかん》理事長をつとめた。雅子の兄弟には第二次近衛文麿《このえふみまろ》内閣で首相秘書官となり、第二次大戦中には高松宮《たかまつのみや》の情報係をつとめた兄護貞《もりさだ》があり、姉妹には姉敏子《としこ》と妹の泰子《やすこ》がいた。

○寺島　父細川護立は細川本家の四男でした。長男は護成といって侯爵家を継いだのですが、生母がお局さんだったのです。祖母の宏子が佐賀鍋島家からお嫁に来たとき、すでにおむつが干してあったそうです。鍋島からついて来た人が「すでに赤ちゃんがいるのなら帰る」といったのですが、祖母は「いいえ私は細川家に嫁に来たのです」といって止めたそうです。

護成はしっかりしていて「自分は脇腹から産まれた子だから正式に鍋島家から来た正妻の子どもを跡取りにした方が良い」と遺言したそうです。父は、はじめは分家の男爵でしたが上の兄弟が亡くなって継ぐことになったわけです。それまで男爵家ではしたい放題にしていたようです。ところが肋膜炎になって運動ができなくなり、美術関係に転向しました。刀剣を本間順治さんに習いまして、すっかり美術の方に入ったようです。よく「美術の殿様」と言われています。母は、その頃は祖母が居りましたから、わりとおとなしくしていました。祖母は大正八年に亡くなりましたから、私はあまり存じませんが、母はおとなしく父にくっついていたようです。

武家の名門

京極典子《きょうごくのりこ》は大正四年十一月十三日、旧峰山藩主家子爵京極高頼《きょうごくたかより》の三女として生まれた。京極氏は宇多源氏の流れをくむ近江佐々木氏を祖にもつ武家の名流で、明治維新の時点で一門には丸亀・多度津・豊岡・峰山の四家の大名があった。養子が必要となったとき、一門や親戚から迎えるということは現在も行われるが、峰山京極家でも明治以降、養子が相次ぎ、典子の父高頼は明治十八年多度津家に生まれ、満八歳のとき養子に入っている。

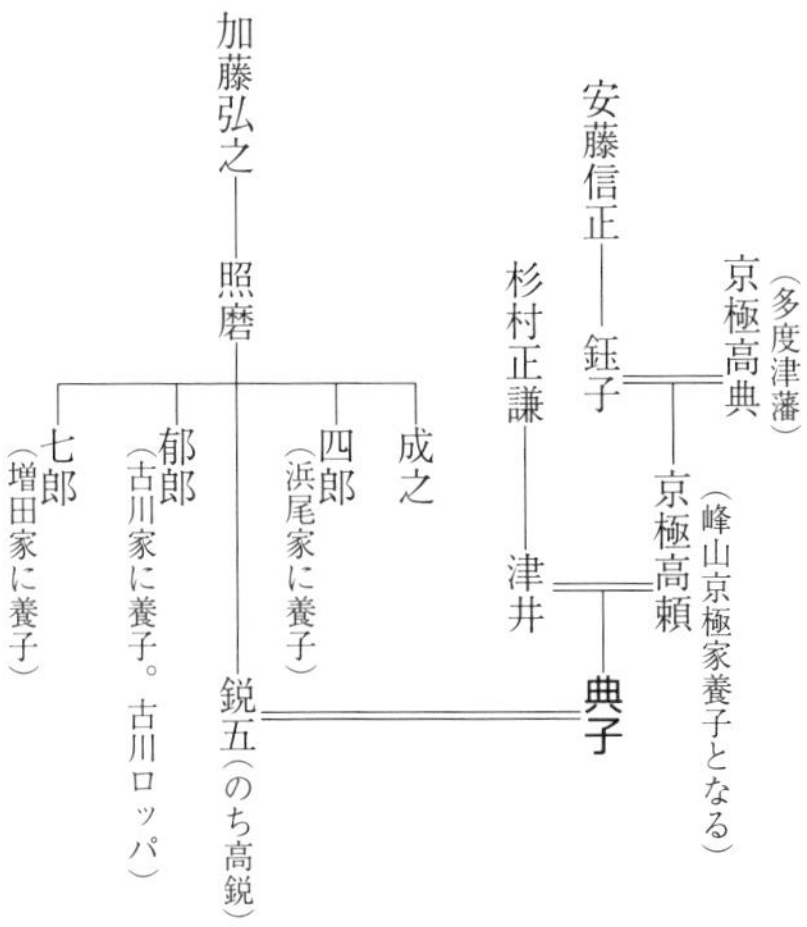

高頼の父高典《たかまさ》は最後の多度津藩主で貴族院議員としても活躍した人物、母鉦子《かねこ》は幕末の老中安藤信正《あんどうのぶまさ》の長女である。典子の母津井《つい》は明治二十三年生まれ、仙台出身で新宿の牛込若松町で病院を経営していた杉村正謙《すぎむらしょうけん》の娘である。典子は三女であったが、すでに兄弟は夭折しており、たった一人の跡継ぎとして大切に育てられたという。

○京極　私の父高頼は、多度津の京極の生まれでございます。祖父の高典が、もうお爺さんになりかかった頃、子どもが生まれるとは思わなかったという歳になって、正室の子どもとして生まれたのです。祖父の晩年の子どもですから、私は父方の祖父母を存じません。多度津には異母のお兄様が五人いまして、跡継ぎも決まっていました。祖父は「せっかく生まれた本妻の子が部屋住みではかわいそうだ、どこかに養子にやって当主にさせたい」と思ったようです。それで養子先を探したら、丹後の峰山の京極にちょうど跡取りがなかったのです。ちょうどよいということで、父が数えで九歳のときに多度津の京極から、峰山へ養子に行きました。祖父母に猫かわいがりにかわいがられて、本当にもう、しっかりしない父でしたね（笑）。

父はたいへんな趣味人で、もっぱらお能でした。お謡《うたい》もお鼓《つづみ》もプロになれるほど上手でした。自分で家の中に舞台を建てまして、先生方やお客様をお呼びしていました。私もそれは楽しゅうございました。まさに趣味に徹していました（笑）。父は性格的にも大らかでした。私にとっては「お父様は自分を守ってくださる方」というふうで、本当にかわいがってもらいましたね。それから お洒落でした。父は自分の思ったとおりに生きてきたので、自分の好きな人が妻にどうしてもほしかったのでしょう。私の母津井は華族ではありません。母方の父は杉村正謙といって牛込若松町にある戸山脳病院という病院をやっておりました。母はそこの娘なのです。

明治の貴族

これまで登場した三名がいずれも大名華族であったのに対し、勝田美智子《しょうだみちこ》の実家原田家は勲功華族である。美智子の曾祖父原田一道《はらだいちどう》は岡山藩の支藩備中鴨方藩の出身、幕末には兵学者として幕府に出仕、明治維新後は陸軍少将にすすみ、元老院議官、貴族院議員などをつとめた。華族に列せられたのは明治三十三年五月で男爵となった。一道の子には地質学者の豊吉《とよきち》と、洋画家の直次郎《なおじろう》がいたが、いずれも若くして亡くなっている。美智子の父熊雄《くまお》は原田豊吉の長男として明治二十一年一月に生まれた。妹信子《のぶこ》は画家の有島生馬《ありしまいくま》（本名壬生馬《みぶま》）に嫁いでいる。熊雄は学習院から京都帝国大学法科大学とすすみ、のちに政界や宮中で重きをなす近衛文麿や木戸幸一《きどこういち》らと親交をむすんだ。明治四十四年男爵となり、大学卒業後は日銀総裁三島弥太郎《みしまやたろう》や最後の元老西園寺公望《さいおんじきんもち》の紹介で日本銀行や住友銀行に勤務し、大正十三年より加藤高明《かとうたかあき》首相の秘書官をつとめ、その後、西園寺の秘書となった。西園寺の秘書時代に得た情報は口述筆記のかたちで残され、熊雄の死後『西園寺公と政局』として刊行されたことは有名である。熊雄は親英米派として軍部から睨まれ、戦時中は圧力が加えられたという。終戦の翌年の昭和二十一年二月二十六日大磯の別荘で死去した。

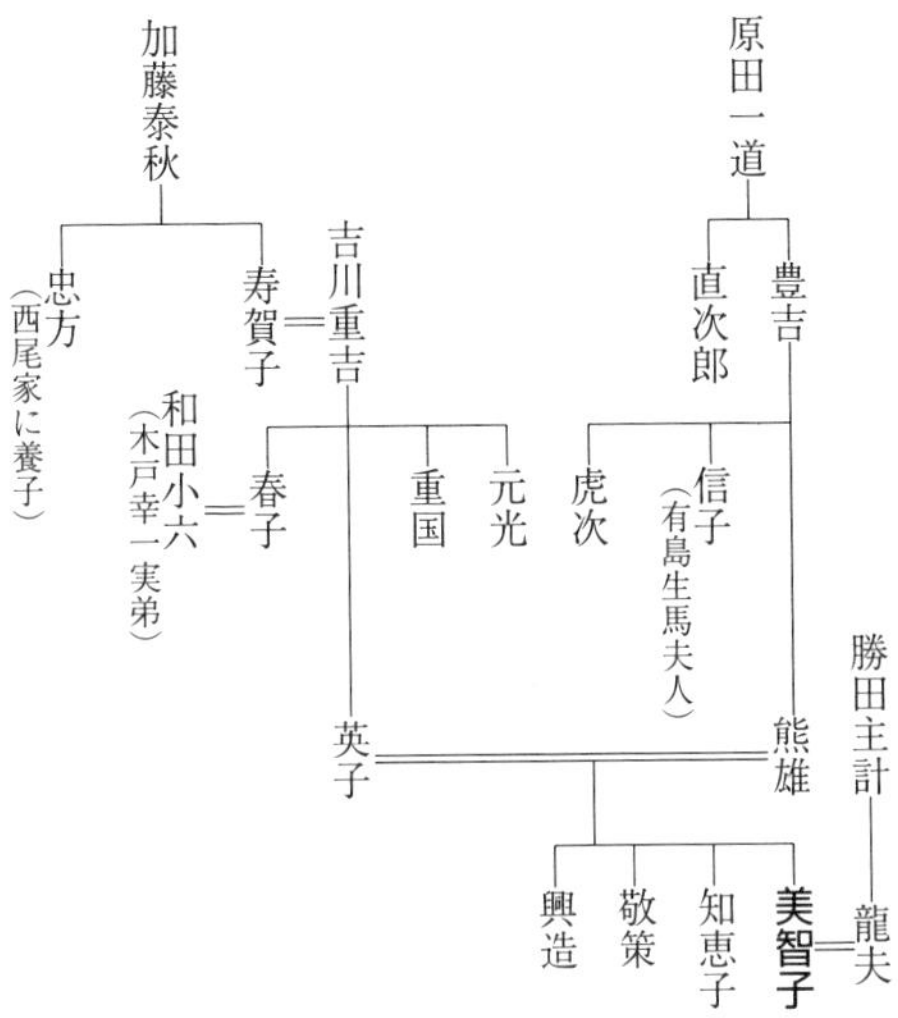

美智子の母英子《ひでこ》は明治二十六年、岩国吉川家の分家で、外交官として活躍した男爵吉川重吉《きっかわちょうきち》の長女として生まれた。跡見女学校卒業後、大正二年から二年間、英国に留学するという当時としては飛び抜

原田熊雄一家（原田熊雄より木戸幸一に贈った写真．左より熊雄，英子，美智子，知恵子，敬策，興造．昭和初年）

けた経歴の持ち主であった。英子の兄弟には吉川本家をついだ元光《もとみつ》、宮内庁式部副長をつとめた重《しげ》国《くに》、和田《わだ》小六《ころく》夫人となった春子《はるこ》などがいた。和田小六は木戸幸一の実弟で東京帝国大学工学部教授、東京工業大学学長などを歴任、航研機の開発などで大きな足跡をのこした工学者である。熊雄と英子の縁談は、英子の父吉川重吉のたっての希望だという。美智子は熊雄の長女として大正五年十一月四日に生まれた。兄弟には弟の敬策《けいさく》、興造《こうぞう》と妹知恵子《ちえこ》がいた。

○勝田　私の父原田熊雄はすごく明るい人でした。とても忙しかったのですが、私と妹は四人兄弟のうちの女の子だったので、とても大事にしてくれました。父は、西園寺さんのいらっしゃる興津に用があると、忙しいなかでも時々一緒に連れて行ってくれ、水口屋という宿屋がございましたが、私の部屋も取ってくれました。私は近衛文麿さんの長女で同級生の昭子《あきこ》さんと仲が良かったので、一度父から「美智子、昭子さんと二人で水口屋へ来い」と言われて泊めてもらったこともあります。何でも好きなことをさせてくれました。でも厳しいところもありまして、男の子にはとくに厳しい人でございました。

父は、京都帝大を出で、本当は宮内省に入りたかったのです。宮内省では面接の試験がございますでしょう。父はオープンな性格で、思ったことを何でもいう人だったのですが、その時代、宮内省ではあまりオープンにものをいうのはいけなかったらしく、入れなかったそうです。日銀総裁だった三島弥太郎さんのお世話で日銀に入りまして、大阪支店に勤めておりました。その後日銀を辞めて、西園寺公望さんを子どものときから存じ上げていたものですから、住友銀行に入れていただきました。それから西園寺さんから「加藤高明さんの秘書になるとよいよ」と言われまして、秘書官をしばらくしておりました。その後、西園寺さんの秘書になりまして、ずっと亡くなるまでやっておりました。

両親の結婚に関しては、おもしろい話がありまして、叔母から聞いたのですけれど、母の父吉川重吉は岩国藩の出で、ハーバード大学出身の外交官でした。その重吉が「どうしてもうちの娘をもらってくれ」と原田家へ頼んだそうなのです。原田の家は新華族で大名でも何でもない家なものですから、びっくりしたそうです。大名のお姫様をというので、これは大変だと思って、父は断りに行ったのです。そうしたら、祖父に「その断りっぷりが気に入った」「気に入ったから、何でもかんでももらってくれ」と言われ、それで結婚したらしいのです（笑）。

母は若いとき二年間、英国でホームステイしながら留学していましたので、当時としてはやや晩婚でした。母は普段はやさしくて、わりと学者肌な人でございますのよ。父は地が強くて、母にしょっちゅう大きな声で怒っておりました。それでも母は口答えは絶対しないで、じっと我慢して、いつも「そうでございますか」とか「ごめん遊ばせ」とか言っておりました。でも母もたまに我慢ができなくなると、黙って雲隠れしてしまうのです。そうすると今度は父の方が気が弱いもので、心配して女中さんに「英子はどこに行ったのだか。おまえたち探してこい」といって大騒動になるのです（笑）。

原田熊雄の風貌

元老西園寺公望の目や耳となりとびまわっていた原田熊雄の活動については、学習院、京都帝国大学と同級で最後の内大臣をつとめた木戸幸一が『重臣たちの昭和史』の序文で次のように評している。「原田は、ありとあらゆる情報を聴き込んで、西園寺公に伝えていた。そのころ、電話機をかついだ原田のマンガが新聞に出たが、朝起きてから夜寝るまで電話機を握りしめ、私の家に来てもまず電話室に飛び込む有様だった。時の総理、各大臣をはじめ、陸海軍の首脳に至るまで、原田ほど顔の広い男はまず見当らなかった。情報の集め方は強引なくらいで、一部の人々には厚かましく思われたのだろうが、一面では注意深く、しかも政治的なカンが極めてすぐれていたことは、なんといっても原田の特性であった。西園寺公も、嘘をついたり、事実をゆがめたり、あるいはその地位を利用するということの全くない原田の正直な性格とともに、そのカンの鋭さをかって秘書として大いに重用されていた。」これに対し、勝田美智子の証言は、社交的で、リベラル、筋金入りの親英米派という熊雄の風貌を肉親の側から伝えるものとして興味深く、かつ貴重である。

○勝田　父は、よその方にはおもしろい人で、すごくユーモラスな人でございました。よく「いいわね。あんなにおもしろいお父様で」とお友だちから言われましたけど、家の者にはそれほどでもないのでございますのよ。お客様がみえますと、父は大した家でもないのに、家の中のお部屋をすべて見せてしまうのです。母がいやがって「パパ、いやね」と言って、先に行って一所懸命かたづけたり、風呂敷をかぶせたりしていました（笑）。私が子どものとき、お客様がみえると、父は「美智子、ピアノを聞かせておあげ」というのです。また私が上手でもないのにピアノを弾いていました（笑）。父はお客様が大好きで、私たちのお友だちでもみんな呼んでしまうのでございますのよ。そして、いつの間にか中華料理が取ってあるのです。人数が多くてテーブル掛けが間に合わないと、シーツをテーブル掛けの代わりに、トランクの上にはずした雨戸を載せて台代わりにしていました。お客様が大好きだったのです。母も大好きでした。

みなさん、父のことを「原田さん」などとは呼ばず、「熊さん」とおっしゃっていました。家の中には連絡のため電話が各部屋にあって、お手洗いにまで電話をつけていました（笑）。それはお仕事のためにですから、途中に鳴っても、出なくてはいけないのです。どこかのお家に行っても電話を拝借してかけるのです。よその家に行っても、自分の家のように振る舞う人だったのですよ(笑)。

父はよく部屋にアメリカのグルー大使や英国のクレーギー大使の写真を飾っておりました。平河町にあった家は、もとは明治天皇《めいじてんのう》の側室のお家だったそうです。それほど大きな家でもなかったのですが、十五畳の応接室とその隣に食堂、それから離れにわりに広い座敷がございまして、それをみんな洋式に変えてしまいました。グルーさんたちアメリカの方々をお呼びしましたが、靴で部屋に上がらせて、みなさんお背が高いから鴨居につかえないようと、目印代わりに鴨居に紙テープを網状に飾ったりしていました。正確な英語はしゃべれなかったでしょうけれど、一応通じる英語でユーモアたっぷりに話していたようでございます(笑)。父は、英米親善派でしたから、アメリカ大使のグルーさんたちからのお手紙を枕元にたくさん置いていました。そうしたら戦争中、憲兵が来まして土足で日本座敷に上がりこんで、父の枕元で手紙を捜索するのです。父は元々心臓が悪かったのですが、それで急に身体を壊しまして、結局昭和二十一年二月に亡くなりました。ずいぶん憲兵はひどいと思いました。

2　名前とお印

名前の由来

男子の名前で、親から子へ代々おなじ一文字をつけることは、今日でもめずらしいことではない。四人の実家を例に取れば、徳川家○、京極高○といった具合である。まさに名前は由緒を受け継ぐものであった。これに対し女子の命名は、男子にくらべるとかなり自由度が高かったようである。

○上杉　父が冗談半分に「支那に任地が決まって、渡る前だったので『とし（渡支）』とつけたのだよ」と言っていました。本人も「それは冗談」と言っていますから、どこまで本気だかわかりません（笑）。ですからよくわからないのです。

兄はイギリスで生まれましたから、家英と申しました。自宅があった千駄ヶ谷は、当時豊多摩郡といって、父は「姉の豊子はその『豊』を取ったのだ」と言っていましたね。妹の順子は、父は中国にいて順天府でできた子だったので「順」という字をつけたのだと、言っていました。だけど冗談半分ですから本当かどうかよくわかりません。

○寺島　郷里《くに》の旧臣に名前のことでとても詳しい人がいらしたらしいのです。父がその方にご相談したのではないでしょうか。ですから全然存じません。どうして雅子とつけたかなんて、聞きませんでした。細川のところは「護」がつきますから、兄は護貞になりました。でも姉や妹の名前がどうしてついたのかは、わかりませんね。

○京極　私どものところは、どの家も男は「京極高」まで決まっているのでございます。女は自由でございますので、私の場合は祖父の京極高典より一字をもらったのと、生まれた年が大正天皇《たいしょうてんのう》の御大典の年なので、その両方に掛けて父が名づけたと聞きました。男の場合は一つしか変えられませんから。先祖をみるといっぱい人がございますから、一字では名前のつけようがないのです。ですからお子さんが産まれると、親戚同士で「○○さんのところは大丈夫ですか」などと相談しあってつけたようです。

○勝田　私の名前は父が決めたらしいのです。男爵をいただいた曾祖父は原田一道と申しました。その「道」を取りまして、私を道子にしようということになったそうです。でも「道」の字は、女には固いので、美智子にいたしました。弟は原田一道の幼少時の名前が敬策と申しましたので、それを取りました。父の熊雄はどうして名づけられたのかはちょっとわかりません。男の子というと熊は強いですから。早くに亡くなった熊雄の弟の名前は、虎次《とらじ》というのです。

○京極　熊と虎はよくあるわね。たくましく立派な動物だからでしょうね。

○勝田　そうらしいわね。だからそういう名前になったのでしょう。

使用人・旧臣からの呼ばれ方

華族は、女中などの奉公人や家政運営に従事する職員などに囲まれて生活していたが、彼らの当主やその家族に対する呼称は、近世以来の習慣や近代以降新たに取り入れられたしきたりなどにより、家ごとにさまざまであった。明治以降の大名華族では、殿様、御前様などさまざまな呼び方があり、また越前守、左近衛権中将などのような官職はなくなったものの、華族の当主や嗣子は年齢や爵に応じて官位に叙されたことから二位様、三位《さんみ》様などと呼ぶこともめずらしくなかった。夫人は奥様、先代夫人は御後室様《ごこうしつさま》などと呼ばれていたという。公家もまたさまざまであるが、清岡長和《きよおかながかず》『私の九十余年　折々の想い出』によると、京都の清岡子爵家では使用人から当主は殿様、夫人は奥様、跡継ぎの長和は若様と呼ばれたという。勲功華族は、もとは武士や農民などであったが、華族となってからはこうした慣習が取り入れられたという。

○京極　父は御前様でしたね。母は奥様で、私も結婚したときは奥様でした。主人は旦那様でした。私が主人と結婚したとき、主人は官位が従五位だったのです。ですから自然に五位様と呼びました。ところが、そういうことをご存じでない方はとても異様に思うのです。主人の旧名は加《か》藤鋭五《とうえいご》と申しましたので、鋭五の五をとって「五様」と呼んでいるのだとお思いになったのですね。それでその方が「五様によろしく」とおっしゃるものですから、私は「何だろう」と思い、やがて「ああ、五位様というのがおわかりにならないのだ」と気づいたのです。当時は三位様とか、四位様とか、官位に応じてそういう呼び方をしましたね。今でも郷里《くに》からの私宛の手紙には「御先代御後室様」と書いてあったりするのです。先代の未亡人ということで「後室」は武家の言葉でございます。

○上杉　華族の跡取りは満二十歳になると皆従五位からはじまりましたから、上杉の家では、ずっと家にいた女中さんは、戦後になっても最後まで主人のことを五位様と呼び通していました。位が上がると四位様、三位様になります。功労があったからではなく、年齢で上がるのですね。上杉家では父のことを御前様と言っていました。徳川の方では、祖父がずっとおりましたから、祖父が殿様でした。父はずいぶんな歳になっても若殿様と呼ばれ、「バカ殿様みたいで嫌だ」と言っていました。それでお終いの頃には祖父を大殿様にして、父が殿様と呼ばれていました。

○寺島　細川家では、父のことを殿様と呼び、母を御前様と言っていました。女性のことを御前と呼んだのです。父の姉は大御前様で、兄護貞の嫁のことは若御前様と呼んでいました。

お　印

お印は、現在では皇族の身の回り品につける徽章として有名だが、かつては華族もひろくお印を使用していた。お印とは、持ち物に直接名前を書くのをはばかったために行われた習わしであるが、名前の代わりに呼称としてもちいられることもあった。もちろん理由はおなじである。お印の起源ははっきりしないが、もとは武家の習わしで、公家のあいだでも行われていたという。お印は、持ち物にただ文字で「松」「松印」などと書くのが一般的であった。典雅な風習としてのお印は戦後すたれてしまったが、京極典子が語る加藤男爵家の例をみると、兄弟の持ち物の区別といった実用的な意味としては、実は現在も普通に行われている習慣であることに気づかされる。

○上杉　私は「梅印様」と呼ばれていました。四月生まれなのにどうして梅なのかというと、桜はパッと散るからよくないということで「梅印」になったのです。結婚したら上杉の姑も「梅印」で、全部「梅印」と書いてあるので、「梅印」と書いて持っていくわけにいかず「桃印」に変えたのです。でも「桃印」では自分のような気がしないのです（笑）。

○寺島　私もそうでございました。兄護貞が「松」で、姉の敏子が「竹」で、私が「梅」なのです。

○勝田　私にもありました。私には兄弟が三人おりまして、松竹梅と皆お印がついておりました。母の実家《さと》が岩国吉川家だったのでお印がついたのだと思います。

○京極　私も「花印」という印でした。「花」といえば桜を意味するのが俳句や和歌の習慣ですから「桜印」というのとおなじ意味でございます。

○上杉　長女と長男は戦前生まれなので、一応お印をつけておりましたが、戦後に生まれた二女と二男には全然つけていません。

○寺島　長女は戦前の生まれでしたから、「菊印」とつけていました。

○勝田　結婚後、私はニューヨークにいましたから、子どもにはお印も何もつけていません（笑）。

○京極　今でも昔のことを知っている方は、お手紙に「○印様」と書いてくださったりします。そういうことはまだつづいておりますね。知っているもの同士の場合には、こちらも「花」とか書いて出したりすることがございますね。
○上杉　手紙でも「○印」って書きましたね。
○京極　主人に実家のお印のことを聞きましたら、「うちなんか新華族で雑なんだよ」ということでして、主人は鋭五と申しましたのでお印は「E」、ご兄弟もそれぞれ名前のアルファベットだったそうです。

3 厳しい躾

躾と教育

華族の子女の多くは、男子は学習院、女子は女子学習院に通っていた。男子の場合は、学習院の中等科・高等科の寄宿舎に象徴される、いわゆる帝王学的なエリート教育を受けていたが、個々の家庭でも邸内外に寄宿舎を設け、家族とはなれ厳しい規律のもと生活を送らせるといったこともめずらしくなかった。たとえば毛利家では麻布龍土町に寄宿舎「時習舎《じしゅうしゃ》」を設け、一門の子弟や他家から預けられた華族子弟らが共同生活を送っていた。徳川家や細川家でも独自の寄宿舎を設けていた。こうした寄宿舎の監督や家庭教師には、旧臣やその関係者があたるのが一般的で、寺島雅子の兄護貞の家庭教師は、細川家の出資のもと熊本出身の東京進学者のため明治十四年に設立された寄宿舎「有斐学舎《ゆうひがくしゃ》」に暮らす大学生より選抜されていた。寄宿舎以外に、旧臣の家庭にあずけられることもあった。上杉敏子の夫隆憲《たかのり》は、学習院中等科在学中に旧藩出身の海軍大将山下源太郎《やましたげんたろう》のもとに預けられ、補導訓育をうけた（『海軍大将山下源太郎伝』）。女子の場合、寄宿舎のようなことはないが、日常の躾《しつけ》は、親のほか御付《おつき》の女中から受けるというのが、ごく一般的であった。

〇上杉　両親が中国に行っていたため、私は万事祖母から躾けられました。五歳上（大正二年生まれ」の姉豊子は生まれた後すぐに母が外国に行ってしまったので乳母がいたそうです。私のときは「もうそんな時代ではないから」と牛乳を飲んだそうです。時代が五年ちがって、姉と私では育てられ方がちがったようです。姉は両親と一緒に生活していた時期がありますが、私のときは、私が生まれたあと母は私をおいて任地へ行ってしまって、妹の順子が生まれるので一度帰ってきましたが、またすぐに外国に行ってしまいました。私が小学校の一年生くらいのときまで母は家に全然いませんでした。ですから私たちはまったく「祖母の孫」です（笑）。

私の兄は「別居すること七歳にして」で、家庭教師と、守り役みたいな人と小使いと書生と、男ばかり五人くらいで屋敷の外にある「学寮」に住んでいました。まったく一人別世界にいました。お料理は小使いさんが家から運んでいましたね。男と女は生活が全然別なのです。兄は土曜日だけ家に帰ってきて、夕飯を一緒に食べました。私どもも土曜日に時々許可が出て、「学寮」に遊びに行きました。兄は高校生くらいまで男ばかりで住んでいましたが、父が「それは旧式だし、かわいそうだから」と言って止めになりました。それから兄も私たちと一緒に住むようになりました。

○大久保　鍛えて、それに応えてくれるような人を育てなくてはいけないという考えでしょう。

○京極　隔離されることの寂しさにも、グッと耐える強さを養うのでしょうか。厳しくというのは、大久保様のおっしゃったような、鍛えて強い当主の心を育てるという帝王学であったのでしょうね。寂しさが我慢できないようでは、立派な名君にはなれないということが昔からの育て方にあったのでしょうね。

○上杉　祖母は兄をたいへんかわいがって、兄のいうことは何でもしていたみたいですけれど、跡取りということで家庭教師も厳しくしていたみたいですね。

○寺島　私の兄には御教育掛という人がいて学校の勉強をみてくれたと思います。「男女七歳にして席を同じうせず」という感じで、子どもの頃から兄とは全然一緒に遊びませんでした。細川家では有斐学舎といって、熊本の生徒たちを東京で勉強させる寄宿舎を設けていました。そこのとてもよくできる方にお願いしていたみたいですね。姉は身体がすごく弱く、学校もお休みが多かったので家庭教師をお願いしていました。躾を受けたのは……、熊本の人でとてもよくできた御付《おつき》がついておりまして、その人が何か言ってくれたかしらねぇ。両親からは、あまりそういうことを言われたことはございませんね。ただ、やたらとお稽古事をやらされました。

○上杉　私たちのほうは行儀作法とか言葉遣いとか、その程度ですね。祖母は主にそういう躾でしたね。厳しいという思いは全然ありませんでした。そういうものだと思っていましたから。学校の教育と祖母のいうことが一致していましたから。でもお友だちだけは、もっとほかの方と遊びたくても祖母がダメというと遊べませんでした。躾についてはそんなところですが、勉強の方はあまりできなかったものですから、女子学習院の中期になってしばらく、英語と数学に男の家庭教師がついてくれました。はじめは兄のところにいた家庭教師が週に一回か、二週間に一回かは覚えていませんが、夕食後にみえて教えてもらいました。姉のところまでは成績がよかったのに、私のところでガタッと落ちたものですから（笑）。

たしなみとしての芸事

これも躾の一環といえるが、寺島雅子は父の方針により、さまざまなお稽古事を習わされたという。祖先に細川幽斎《ゆうさい》・三斎《さんさい》がいるだけに茶道は三斎流であった。もっともこうした習い事は堅苦しいのか、雅子はあまり好きではなかったという。華族の家庭では、お茶やお花、お琴といった習い事を女性のたしなみとして習わせたが、一方でこうした芸事に熱中したり、奥義をきわめるまで精進するようなことは求めなかった。いわゆる教養としてひと通り知っておけばよいということであり、上流層の芸事への向き合い方を知るうえで興味深い。元老山県有朋《やまがたありとも》は、昭和天皇《しょうわてんのう》の皇太子時代の教育方針について「御学問の方針は間口広く奥行き浅き方針を採ること」（『奈良武次日記』大正九年八月十四日）と語ったが、こうしたスタンスは学問だけでなく広く教養一般に対していえるようである。

○寺島　ある人が、とてもピアノが上手かったそうです。ところがそのご主人が、ピアノの音が大嫌いで「絶対弾いちゃいかん」と言ったそうです。それがあまりにかわいそうでしたから、父は「おまえたちがお嫁に行った先でご主人やお舅さんが何が好きで嫌いかわからないから、いろんなことを稽古させる」と言っていました。ピアノだ、琴だ、三味線だ、謡だとか、いろんなことをさせられましたよ。それで学校の先生に叱られました。「あなたはなぜ毎日お稽古ばかりしているの。勉強はいつなさるの」とおっしゃられるので、「そんなにお成績が悪いのですか」と言い返したのね。「お成績はちゃんと取っていますよ」と先生がおっしゃるので、「それならよろしいでしょう」と食ってかかったことがありますよ（笑）。母が呼び出されて、先生に叱られましたけど、私はびくともしなかったのですよ（笑）。

お茶は、先祖に細川幽斎がおりますからね。お花は窮屈できらいでした。私がお茶を教わった松井という先生は「お流儀は関係ない、自分でやりたいようにやればよい」「これが細川三斎流だ」とおっしゃるものですから。茶碗を回したりせず、ただ持ってきたものをちょっと飲んで、それでお流儀がちがうといわれても「『いや私は三斎流だから』と言えばよろしいのですよ」とおっしゃるので、本当にまじめにお稽古しませんでしたね。お花もちゃんと御座を敷いて用意しておいてくれますから、そこに行って花を剣山に留めたりしましたね。古流は花を中央に集めるとかあるのですが、私はそんなことはしなくて「パッと花瓶に生ければいいじゃないの」という調子でしたからね。姉は薄端《うすばた》に三斎の形を作ったりして、とても大事にしていましたね。でもお能のお太鼓だけは好きだったから、ちょっとまじめにやりました。

○京極　娘になる頃には、お謡《うたい》と小鼓とお茶とお花、そのくらいをやらされました。私は、それらはみんないやではなかったのです。でもお仕舞の稽古は十四歳のときに父に「これ以上、上手になる必要はない」「どういう結婚をするかわからないし、むやみに上手になるのは良いことではない」と言われて終わりになったのです。私は「せっかくこれから……」と思っていたのですけれど、逆らえないし、そのとおりにしました。止めてからもお能の拝見にはしょっちゅう連れて行ってもらいました。

跡継ぎへの期待と重圧

四人のなかで京極典子がほかの三人の環境と異なっていたのが、家のあとを継がなければならないことであった。彼女はたった一人の跡継ぎとして立派に成長し、婿を迎え、家を伝えていかなければならないという期待と重圧を一身に感じながら成長した。周囲もまた彼女にはときに厳しく、ときに過剰なまでの保護を加えながら育んだのであった。

○京極　私は一人っ子でしたから、子どもの頃から家を守らなければいけないという思いが強くありました。何かというと「そういうことをなさいますと、いいお婿様がいらっしゃいませんよ」の一言がつくのです。そんなふうだと素敵なお婿さんが来ると思ってしまうじゃありませんか（笑）。

私のところは、何もかも父の言うとおりでした。御付《おつき》も母も、父の方針に従います。「勉強しろ」とは一生のうちに一度しか言われたことはありませんが、その代わり、細くて身体が弱かったですから、「お膳についたものを全部食べればご褒美をあげる」というふうでした。お医者様にもしょっちゅう熱を測らせて、「今日は少し熱っぽいから学校は止めなさい」とか、勉強のことは頭になくて、みな「この子が育たないと大変だ」「この子が生きて大人になりますように」というふうでした。教育方針は、学校の先生のおっしゃることと父の言うこととはぴったりおなじですし、御付の言うこと、母の言うこともみんなおなじでしたので、それを守らないのは自分が至らないからだと子ども心に思い、言われたとおりにしておりました。「これを着なさい」と言われれば「はい」と言って着なければいけない。お弁当も「文句を言わずに入っているものはみんな食べなさい」と言われました。「食べなさい、食べなさい」が本当にいやでしたね（笑）。ともかく躾はたいへんうるさかったのです。つまり「一人っ子というものは得てしてわがままになる、そうなったらおまえは一生不幸になるのだから、わがままは許さない」ということでした。

立ち居振る舞いもやかましく、足を左右に開いて、その間にお尻を落とす座り方を「とんび足」といいますが、それをしてはいけないとか、肘《ひじ》をつくとタコができるからいけないとか、白い歯を見せて笑ってはいけないなどとうるさく言われましたね。口を開けて笑うと「典子、そういう笑い方をするなら野良に行って笑いなさい」。そういうのは野良笑いというのだ。そんなカッカッと女の子が笑うものじゃない」と言われました。でも、それを厳しいとは思いませんでした。「これをしなきゃ大人になれないのだな」「自分が笑われるのだ」と思って覚えようとしました。それは確かです。反抗はしたことがないですね。そういう時代だったのです。

厳しさと自由

勝田美智子の実家原田家も帝王学的教育の男子と、躾中心の女子というのはおなじである。だが、原田家の場合、母とその実家吉川男爵家のハイカラな気風が強く、いささか様相がちがっていた。美智子が母から英語とピアノを習ったのは、外国生活の長い実家の影響であり、また大崎の吉川本家には、華道去風流《きょふうりゅう》の家元で、多彩な文化活動でしられる西川一草亭《にしかわいっそうてい》が出入りしていており、美智子はそこにも通ったという。一方、美智子の弟で長男の敬策は厳しい跡継ぎ教育に対するストレス発散もあってか、ハワイアンバンドに熱中し、日本の草分けとして戦前から戦後にかけて活躍したカルア・カマアイナスを結成した。メンバーは敬策のほか、男爵家の跡取りである芝小路豊和《しばこうじとよかず》、実業家の朝吹家出身で木琴演奏家として知られる朝吹英一《あさぶきえいいち》、朝比奈愛三《あさひなあいぞう》、東郷安正《とうごうやすまさ》、村上一徳《むらかみいっとく》などである。

○勝田　私の家では、長男にとても厳しかったのでございます。長男だけに家庭教師をつけておりまして、学習院の高等科くらいだったかしら、東大の学生さんが教えに来ておりましたね。学習院では、高等科になると皆さん背広を着ておられたのですけれど、それも父は許さなかったし、それから頭髪もあまり伸ばすのはいけないとか、すごく厳しかったですね。

私たち姉妹には一人ずつ御付《おつき》がついていましたが、私についていた人は女中頭みたいで、家計をすべて切り盛りしていたのです。京極さんとおなじで、私も両親に歯向かったことはなかったのですけど、その御付の人とはよく言い合いをしました。「お嫁にいらっしゃるときには、私がついてまいりますからね」と、いつも御付に言われていて、言うことを聞かなかったりすると、「いいところにお嫁にいけませんよ」と二言目には言われました。

お稽古事は、吉川の祖母寿賀子《すがこ》から「お茶とお花はどうしてもするように」と言われまして、お茶は和田のいとこたちと四人で、松濤《しょうとう》の祖母の家へお稽古に行きましたし、吉川の本家が大崎にございまして、そこへも参りました。西川一草亭という先生が京都からいらしていたのです。それから母が英語やピアノを教えてくれましたし、近衛さんのご姉妹とうちの姉妹の四人で、家にいらしたり、近衛さんのところに伺ったりして、洋裁を習っておりました。とにかくお行儀はうるさかったものですから、足を出したりしたことはございません。この頃の方は寝転がったりしているようですけれど、そんなことは絶対考えたことがないです。言葉遣いもうるさかったですね。母が「『〜わよ』とかいう言葉は下品だから絶対使ってはいけない」と言っておりましたし、親子のあいだでも「何とかでございます」とわりに丁寧な言葉を自然に使っていました。それでも私の家はわりにゆるやかだったから、いろいろなことさせてもらえました。テニスに行っても何も言われなかったですし。

○大久保　お父様はご長男の原田敬策さんには非常に厳しかったということですが、芝小路豊和さんのお家に集まって、ハワイアンバンドの練習をなさっていたそうですね。ご自宅で練習できなかったから、よそでちょっと息抜きをなさっていらっしゃったようです。厳しくても、そういう抜け道はちゃんとあったのですね。

○京極　さもなければ息が詰まりますよ。

○勝田　最近、妹から聞いたのですが、カルア・カマアイナスは戦時中にも演奏活動をやっていたでしょう。それを父が怒って、妹に「朝吹さんに電話して断れ」と言ったそうです。

4　伝統とモダン

先祖の祭祀

華族の家庭では近世からの伝統を引き継ぎながら、さまざまな年中行事や習慣が行われていた。祭祀は非常に重視され、そのために学校を休んだり早退してもまったく問題とならないほどであった。歴代当主のなかでも初代や藩祖は特別な存在として扱われ、毎年祭祀が営まれるなどしていた。先祖の呼び方は○○公のように名前に公をつけるのが一般的であり、死後の法名や諡《おくりな》で呼ばれることも多かった。徳川家康《とくがわいえやす》は、家庭内では神号東照大権現から「権現様」と呼ばれており、邸内に安置された「クロホゾン（黒本尊）様」は家康の守り仏ということで、お祭のときにはお供えをしたという。

○上杉　自宅の庭に東照宮があって、お祭のときは学校を休んででも出なければいけませんでした。四月十七日が久能山東照宮の御例祭、五月十七日が日光東照宮の例大祭です。それは外のお祭ですね。うちのお祭は四月と九月です。九月には庭の東照宮でお祭があり、園遊会をしたり、外国人や旧臣をずいぶんお呼びしました。

神棚の高いところにクロホゾン様がお祀りしてあって、お祭の日にお団子とかをお供えして、みんなで食べることもありました。私たちは「クロホゾン様、クロホゾン様」と言ってましたが、子どものときは何だかわからなかったです。でも、あとで聞いたら「黒本尊」といって家康の守り仏様だったそうです。家康のことは家の中では権現様と呼んでいました。上杉の家でもやはり公をつけて、謙信《けんしん》とか鷹山《ようざん》とか呼び捨てにしてはいけないことになっていました。謙信公は特別な存在でしたが、鷹山公は、米沢では中興の祖とか、米沢を救った方といわれていますが、家の中ではそうでもないです。私が嫁に来てからも、多少ほかの殿様よりは鷹山公の名前は聞いておりましたけど、謙信公の方が特別です。

○京極　私のところもお祭は絶対でございます。先代はともかく先々代からは「公」はつけますね。自分の家でも、何々公と呼びます。ご先祖は家の中でもやたらな所にはお祀りしません。二階のさらに上にご先祖様の御霊を納めたお部屋がありまして、ともかく家の中で一番上段に神式でお祀りしてありました。お鏡があって、そこにお饌米とお塩のお盛物と、お榊《さかき》がお供えしてあり、毎日父がお祀りしていました。わが家も昔は神道ではなかったのですが、明治以来神道になりました。峰山にある墓所には仏式、神式両方の形式の墓がございます。明治以後の墓は神式の墓です。

○寺島　寺島は勲功華族ですから、何もむずかしいことはありません。熊本の実家では先祖が亡くなって百何年とか、そういう大きな年数のときに熊本に行ってお祭をいたしましたね。初代が細川藤孝《ほそかわふじたか》といいます。それからガラシャ夫人の夫の忠興《ただおき》です。そうした人が没後百何年というようなときには、熊本に行ってお祭をいたしました。

クリスマス

クリスマスは戦国時代に宣教師によって日本にもたらされ、幕末の開港以降、外国人を中心に行われ、徐々に日本人のあいだにも広まるようになった。明治末年にはクリスマスプレゼントが一般的となり、また明治二十三年の開業以来、外国人向けのクリスマスパーティーが行われていた帝国ホテルでも年とともに日本人の参加が増加していくなど、いわゆる年中行事として定着していった。そうした一方で、キリスト教のことを「耶蘇《やそ》」と呼ぶといった江戸幕府による禁教以来の習慣や観念も残っていた。四人が成長した大正から昭和初期は、こうしたクリスマス文化の定着過程とよく符合しており、それぞれの体験からは文化としてのクリスマス受容の様相を窺うことができる。

○勝田　子どものときは、いとこたちをみんな呼んでクリスマスをやりました。私の家では、器用な女中が洋服を作ってくれ、これを着た書生がサンタクロースになりました。母がピアノを弾くと書生さんがそれを着て袋を背負って出てくるの。サンタは今みたいな赤い服でした。

○寺島　いいわね。私は、帝国ホテルに父が連れて行ってくれました。

○上杉　うちはしないの。むしろ「耶蘇」と言いました。祖母の実家《さと》の近衛家や島津さんの家ではクリスマスをなさるので、お呼ばれするのは別に構わないのですけれども、家ではしませんでした。家の中では「キリスト教のクリスマスなんて、何もそんな事をすることはない」というふうでしたけど、島津さんの家でなさるので、いとこがみんな集まっていました。

○京極　うちはなかったですね。旧式な家だったので、私はクリスマスを知らなかったし、一度もしませんでした。私の家ではクリスマスなんて一言もいわないし、クリスマスに親類やお友だちのお家にお呼ばれしたこともありませんでした。

○勝田　私のところも毎年じゃないのですよ。クリスマスは子どものときにたまにやっていたぐらいです。母が、英国の大学に二年行っていましたし、母の父吉川重吉がハーバード大学を出た一番はじめの外交官だったのです。それに父もロンドンにいたことがあったのでクリスマスがあったのです。

大名相撲

江戸時代、大名は嗜好として能や狂言、相撲などを上覧することがあり、多くの能役者や力士が藩主に召し抱えられていた。雷電為右衛門《らいでんためえもん》が松江藩の召し抱えであったことはつとに有名であるが、慶安三年（一六五〇）の「支配帳」によると尾張徳川・高松松平・平戸松浦・明石松平・熊本細川・姫路酒井・盛岡南部などの各藩が多数の力士を抱えており、天明から寛政期にかけては久留米有馬・阿波蜂須賀・出雲松平各藩が有力であったという。諸藩お抱え力士の伝統は近代になっても引き継がれ、大名華族には相撲をひいきにしていることがめずらしくなかった。四人の会話にでてくる酒井忠正《さかいただまさ》・柳沢保承《やなぎさわやすつぐ》・浅野長武《あさのながたけ》はいずれも大名華族である。酒井は旧姫路藩主家で伯爵、相撲協会との関係が深く横綱審議会初代委員長や相撲博物館初代館長をつとめた。柳沢は旧大和郡山藩主家で伯爵。浅野は旧広島藩主家で侯爵、美術に通じ、東京国立博物館館長をつとめたことで知られる。細川家は、旧藩時代、多くの力士を抱えていただけでなく、江戸相撲の司《つかさ》家で横綱免許を授与する権を有していた吉田家の主君であったことからとりわけ関係が深く、熊本の吉田家で横綱の本免許を出すまでのあいだ、東京の細川邸で仮免許を発行するのを習わしとしていた。雅子の談話は、双葉山《ふたばやま》をはじめ横綱が細川家をおとずれたときや、国技館に相撲見物に出かけたときの思い出である。

○寺島　お相撲は大好きでした。その当時は東京から熊本まで行くのに汽車で一昼夜かかったのです。それだと巡業に行ったり、明治神宮の奉納相撲に間に合わないというので、実家《さと》の細川家で横綱の仮免状を渡しました。武蔵山《むさしやま》・男女ノ川《みなのがわ》、それから双葉山・羽黒山《はぐろやま》・安芸ノ海《あきのうみ》・照国《てるくに》・前田山《まえだやま》・東富士《あずまふじ》、そのぐらいの横綱までですね。双葉山が来たときは嬉しかったわ。

○勝田　もう大変なの。双葉山、双葉山って（笑）。

○寺島　双葉山より素敵な人はいませんよ。でも双葉山は体はそんなに大きくはないですよ。だけど技がすごかったですね。今のお相撲さんで、双葉山のように立ち合いがきれいな方はいませんよね。まわしを取って投げる人はいないでしょう。

○京極　技がちがうのね。昔のお相撲さんには技がありましたね。

○寺島　司家に勤めている人がいましてね、私たちがみんな「双葉山、双葉山」というものですから、「お正月に双葉山を連れてきましょうか」と言って呼んでくれたことがあったのです。横綱免許の方は、今では大相撲協会にお返ししてしまいました。枡席《ますせき》も協会に全部お返ししましたが、以前は東方あたりのお相撲さんに触れちゃうくらい近いところに、三枡「肥後土間」を持っていました。一枡六人だから計十八人が入れます。肥後土間には「女人禁制之事」と書いてありました。昔はそこからみな物言いをつけたらしいのです。それですから女の人は入っちゃいけないのです。興奮するから（笑）。肥後土間は入れませんでしたが、私はしょっちゅう相撲を観に行きましたよ。実家では正面一番前の砂被りにも一枡四人の枡を持っていたのです。その当時、徳川家が少し上の方に枡を持っていらっしゃったのよね。「あんな高いところから観たらつまらないだろうな」と思っていました。

○上杉　そんな高くないわよ。ちょうど良い目線の高さよ。「うちの席の方が良い席だ」「あんな後ろ」とかおっしゃるから、その話になると寺島さんとはいつも喧嘩しているの（笑）。

○寺島　後ろだったわよ（笑）。こちらは一番前だから、たまに誰かが寄り倒して来ると枡に入っちゃうのですよ。お相撲を必死になって見てないと潰されちゃうの。私たちは、あわてて逃げましたね。そのときに徳川家の枡がずいぶん上の方に見えて「あんな所から観てもつまらなさそうね」と言いながら観ていたのよ（笑）。

○上杉　私は、一番良い席だと思っております。落ちて来る心配はないし（笑）。

○寺島　それは確かにそうよ。

○上杉　よく父に稽古場へ連れて行ってもらいました。酒井忠正さんや柳沢保承さんと一緒に、部屋でちゃんこ料理を食べました。

○寺島　ちゃんこ料理は浅野長武さんがお好きで、よく連れていっていただいたわ。お相撲さんが、片肌脱いでお給仕してくれるのね。
○上杉　懐かしいわね。

能楽

能楽もまた大名の保護のもとに発展した芸能である。江戸幕府は観世《かんぜ》・金春《こんぱる》・金剛《こんごう》・宝生《ほうしょう》の四座と、喜多《きた》流の四座一流を抱え、諸大名もまた能役者をきそって抱えた。だが明治維新後、能役者は幕府や諸藩からの庇護を失い、大きな打撃をうけた。その後、欧州各国の芸術保護にならった政府の保護や皇室の奨励、華族や新興財閥の援助によって次第に復活した。近代の能社会は座にかわって流派別の家元制が整備されるとともに、「明治の三名人」といわれた宝生九郎《ほうしょうくろう》・桜間伴馬《さくらまばんま》・梅若実《うめわかみのる》を輩出するなど実力本位の活気ある舞台が実現されたといわれる。細川家には近世より金春流の桜間家が仕えており、桜間伴馬が活躍をみせるなか同家は桜間家、さらには金春流全体の後援者となった。

京極典子の父、高頼は自邸内に能舞台を建設するほど生涯を能楽に打ち込んだ。高頼が師事したのは梅若六郎《うめわかろくろう》（二世梅若実）であった。六郎は明治の三名人とうたわれた梅若実の子で、兄の万三郎《まんざぶろう》とともに一時代を築いたことで知られる。梅若流は、もとは観世流であったが、梅若実が独自に弟子へ免状を発行するなどして関係がこじれ、最終的に大正十年、観世流から独立した。「観梅問題」といわれた対立は長くつづいたが、最終的には梅若流が昭和二十九年に観世流に復帰することで幕を閉じた。梅若六郎の弟子のなかには白洲正子《しらすまさこ》もいた。梅若舞台は隅田川に面した厩橋《うまやばし》にあったが、大正十二年、関東大震災で焼失した。高頼はこのとき梅若舞台の避難先として自宅内の能舞台を提供し、しばらくは稽古もそこで行われたという。

敏子の実家、徳川家では宝生流であった。宝生流は江戸幕府に抱えられた四座一流のひとつで、徳川将軍五代綱吉《つなよし》・十一代家斉《いえなり》がとくに愛好したことで知られる。徳川一門十家が集まり、能楽の披露が行われていたという。

○寺島　お能の金春流は父のところで面倒をみていたのです。装束も全部父の家で預かっていて、会があるたびに、そこに取りに来てやっておりました。うちの地所のなかに先生たちをあげていましたので、かならず毎週その方たちが父のところにみえますから、私はいやでもお稽古をしなくてはならなかったのです。

○京極　父はお能に大変はまり込んで、能舞台もある家でなくてはいやということでした。今思い出しても華やかで一番印象にあります。皆様がいらしてくださって、お能を披露したりしました。玄人が加わって急所を抑えてこそ、素人が舞ったり謡ったりしても完了できるので、それこそ素人だけでやったら途中でどういうことになるかわからないのです。うちの流派は梅若です。観世の分かれの梅若というので、名人が続々といらっしゃった時代でした。観梅問題という大変な問題があるのですけれど。

○寺島　白洲正子さんも梅若よね。

○京極　当時、梅若万三郎・六郎は天下の名人でした。父は六郎の弟子だったのです。父は若い頃身体が弱くて、祖父が「高頼は謡でも習って声を出したら元気になれるだろう」ということで、父に能を習わせたそうです。白洲正子さんは、うちの能舞台にも稽古に通っていらっしゃったことをよく覚えています。彼女はお上手でとても目立っていました。梅若六郎先生も「彼女は素人としては特別です」とおっしゃっていました。お仕舞だけでなく、笛や鼓など、どれもすばらしくお上手でした。

○寺島　金春の謡は上がったり下がったりがすごくあるの。だから梅若を聞いていると生温くていやなのですよ。

○上杉　うちは宝生でした。祖父も他の流儀はきらいでしたね。家元の方がお稽古にみえたり、それから「十徳会」という徳川十家の、徳川ではない家もあった気がしますけれど、大会が一年に二回あって、そこのお嬢様がお仕舞をなさったりしました。

妹はよくお仕舞をやっていましたけれど、私はあまりお謡が好きではなかったです。どこのお家でも、お謡やお能をやっていましたよね。お流儀がいろいろあって、重きをおいていました。

○京極　お流儀は昔の関係やいろいろあって、その家によってちがいましたね。ご夫婦で流儀がちがうと困っちゃうでしょうね。お喧嘩になっちゃいます。

○上杉　上杉家の舅には宝生の人が来ていました。義母は流儀がちがって梅若でした。私はみせてもらったことがないのですけど、すごくお仕舞やお笛が上手だったそうです。夫婦でお流儀がちがっていました（笑）。

カメラ

四人が育った大正・昭和戦前期、カメラはいまだ高価であったが、写真師だけでなく、個人による撮影が広まりつつあった。カメラは敏子の祖父徳川家達や雅子の父細川護立のように家族、親戚のうちに写真に関心をもつものがいる家庭ではそれなりに身近であったが、京極家のようにもっぱら写真館というところもあった。彼女たちが写真を撮ったという神田淡路町の江木写真館、京橋の森川写真館はいずれも東京を代表する写真館で、皇族や華族の利用もめずらしくなかった。軽井沢の土屋写真館は明治三十九年に創業し、現在も旧軽井沢で営業している。昔の軽井沢の風景や人物を数多く撮影しており、土産としても売られている。雅子の談話中の志賀直哉《しがなおや》・武者小路実篤《むしゃのこうじさねあつ》は、細川護立と学習院時代の同級生で、彼ら三人が雑誌『白樺』の同人であったことはあまりに有名である。

○上杉　私は祖父の徳川家達がカメラを持っていましたので、家で普段の写真を撮ってもらっていました。日頃みんなと一緒に写した写真は結構ありますけど、写真屋に行くのは特別でした。お祝いや七五三とかの行事のときは、江木写真館で撮りました。

○寺島　何かあると京橋の森川写真館か江木のどちらかに行きました。江木の方がきれいね。

○勝田　そうね。江木はよかったわね。

○上杉　祖父は写真屋に行って撮るのが好きで、一年に一遍ぐらい撮っていました。その写真は

寺島雅子４歳（左は姉敏子）

ずっと年代を経てもたくさんございましたが、大正十五年に自宅の火事で焼いてしまって、今ではあまり残っていません。

○京極　写真を撮りに行くのは嬉しいことの一つでした。うちは日頃は近くの写真屋が来て撮るのですが、七五三などのときには江木とかもう少し高級な所へ行って撮っていました。お家を巡り歩いて写したりして、写真屋は結構商売になったのですよ。みなさんは、写真機もずいぶん早くから持ってらっしゃったのね。

○上杉　お家によってずいぶんちがうのですね。うちでは、家のなかで写真屋の撮った写真は全然ないのです。昨日もちょっとアルバムを見たのですが、姉が結婚する前の晩に親戚が集まったときの写真は、写真屋ではなくて家のなかの誰かが写しているみたいです。ですから外で写そうということになると江木か森川へ撮影に行きました。家にカメラ屋が来たことは全然記憶にありません。

○寺島　軽井沢には土屋写真館という写真屋があるのです。その写真屋さんをかならず呼んで、家で写させておりましたね。だからゴルフ仲間の写真がたくさんあるわね。

○勝田　テニスの試合でファイナルになると写真を土屋で写していました。ダブルスの私の後ろ姿が絵葉書になっていたのよね。

○寺島　そうなのよね。土屋写真館は、軽井沢の中心部に今でもございます。母の写真もまだ飾ってあるのね。「みっともないから早くかたづけて」と言っているのですけれどね（笑）。もっと時代がくだって、昭和十何年かに仮装パーティーをやった頃の写真は銘々で写しました。父の友だちに志賀直哉さんと武者小路実篤さんがいらっしゃいました。そういう方がしばしば遊びにみえまして、父から「写真を撮れ」と言われました。上等なカメラを買ってもらいまして、写真屋さんに教えてもらって、ピントを合わせて、その日によって絞りやタイムを合わせました。そのカメラで撮った写真がまだ家にございます。

○京極　早くから写真機を手にお入れになった方はお写しになったのでしょうね。うちはそういうものを買ってもらえませんでした。

○上杉　慶喜公〔徳川慶喜〕がすごくカメラがお好きで、写真を写されたという話を聞いています。祖父も若いときからカメラを持っていたのかしら。イギリスに留学にしていますし、そんな関係からか、頻繁に自分でカメラを持って家族を写したりしていました。

5 家政運営

華族の体面と職業

「華族の体面」とよくいうが、実際、華族は男女とも体面を強く意識しなければならなかった。職業もそのひとつである。『貴族院制度調査資料』によると昭和十年当時の華族戸数は九五五家、当主のうち有業者は四四五名で全体の四六・五％である。華族は明治以来、軍人になることを奨励されていたことはよく知られるが、現役軍人は四五名、有業者全体の約一〇％である。最も多いのは官庁勤務者で一四三名、うち半数弱の六一名は宮内省勤務である。民間会社勤務は一〇五名、実業家が一〇八名、神官僧侶が二五名などとなっている。華族といっても経済状態はそれぞれで裕福な家庭もあれば、その逆もあったので一概にはいえないが、旧大大名を中心とした資産家華族は、俸給に依存した生活を送る必要はないので、無業であっても困ることはなかった。むしろそれが自然であり、華族の社会的つとめとして貴族院議員や名誉職に就任するのが一般的であった。昭和十三年を例にとると、上杉敏子の祖父徳川家達は貴族院公爵議員のほか、日本赤十字社社長、済生会・太平洋問題調査会・日米協会・日本汎太平洋協会・斯文会などの各会長をつとめており、寺島雅子の父細川護立は貴族院侯爵議員で、日華学会・東京地学協会・国立公園協会などの会長をつとめていた。

体面を守り、責務を果たすため、華族、とくに歴代当主とその嗣子は多くの拘束をうけ、重圧に耐えなければならなかった。厳しい帝王教育については先にみたが、学校卒業後の進路についても、さまざまな縛りがあった。華族男子は軍人になることを奨励され、仕事をするにしても官吏などが望ましいといわれ、逆に体面を汚すような職業につくことは許されなかった。四人の親兄弟や夫もそうした縛りのなかで生きており、女性でも京極典子はただひとり血脈を継ぐものとして始終重圧を感じていたという。

○京極　私の父は、もちろん何もしておりませんでした。お友だちがお勤めになるのを「あいつは月給取りになったそうだ」なんてめずらしそうに言っていました。ですから温室を作って楽しんだり、能舞台を建ててお能を楽しんだり好きなことができたのでしょうね。何しろ時間はたっぷりありますから自分の好きな趣味であればとても上達してしまうわけでございます。

○寺島　華族は職業を選ぶにしても体面をまず考えないといけないらしく、私の夫は将来、貴族院議員になるということで、商売をしてはいけなかったみたいですね。

○上杉　そうかもね。父家正は外務省にずっと勤めていましたが、トルコ大使を最後にわりに若くして辞めてしまいました。辞めてからは、どこへ出かけていたのか、何をしていたのかよくわかりません。収入になるようなことではなくて、某々協会の会長とか名誉職によく就いていました。祖父はずっと貴族院議長をしていました。

——貴族院議員は公侯爵は全員で、あと伯爵以下は互選でした。

○寺島　議員は順番がこないとなれないのよ。

○上杉　ですから能力の有無ではないのです。私の兄の家英も当然将来は貴族院議員になると思われていますから、大学を選ぶときも本人の希望は容れられず、経済学部へ入れられました。それがすごく不満だったようです。父は息子を外交官にしたがっていました。でも兄は電気とか理科系統のことがしたくて、建築がやりたかったらしいのです。でもそれは「将来どうしても貴族院議長にならなくてはいけないから、そういう方面の勉強でなくては駄目だ」と言って親が許さなかったのです。結局、仙台の東北帝国大学に行きましたけれど、自分の好きでないことさせられていました。当主のつとめということで、その人に向くとか向かないとか以前ですからね。

○京極　私はそういうところはあまりなかったですけれど、他家にお嫁に行きたいと言ったって行かれませんからね。ですから「あの人でなければいやだ」「お嫁に行きたい」などと言い出さないうちに、早く結婚させられたのだと思いますよ。

○寺島　今みたいに自由に付き合えないですからね。

○京極　父はそういう方面には用心に用心を重ねていました。お能でも、お仕舞の稽古がだんだん上手になってきて、これから勉強しようと思う十四歳くらいになると……。お仕舞のお稽古は、先生が後ろから、抱くように両手を開いて子どもを歩かせるように一緒に舞って教えてくださるのですけれど、それを父がみて「これは大変だ」と（笑）。「もうおまえは鑑賞する方になりなさい」と言われて止めさせられました。お囃子《はやし》のほうは小鼓を父から教えてもらい、しばらくつづけてから、女の先生についてお稽古をするようになりました。何でも上手になる前に止めさせる、それで早く結婚、そればかりでしたね。父は一つの事にのめり込んでいくのをいやがりました。「その事を理解するだけでよいのだ。玄人になるわけではないのだから」などと申しておりました。

私が生まれた頃には父方の祖父母は亡くなっていて、家の中のことは何でも父の言うとおりでした。私も、ちゃんと立派にやっていかなくては、お婿さんをもらってちゃんとしていかなくては、という気持ちが十四、五歳くらいから充分ございました。

表と奥

表《おもて》と奥《おく》という言葉は、たとえば江戸城の本丸御殿において、諸大名や役人の公的な場を表、将軍やその家族の空間を中奥・大奥と呼んだように多分に武家の文化である。皇室では、近世以前は天皇の生活空間を内裏《だいり》などと称していたが、近代になると宮殿内の室に表謁見所や奥御座所といった名称がもちいられるようになる。華族では近世以来からの慣習の継続であったり、あるいは近代以降の皇室に影響されたりした結果であろう、邸宅において応接間など対外的にもちいる建物や室、家政機関を表と呼び、家族の私的空間を奥といった。

華族邸内には、家令《かれい》・家扶《かふ》など家政に与る表の職員と、日常の世話など奥向きの仕事に従事する使用人がいた。京極家では玄関脇のいわゆる表の部分に「御役所」「御詰所」と呼ばれた室があり、細川家では本邸とは別棟で「家政所」がおかれていた。現在、家政所の建物は永青文庫の本館として使わ

細川侯爵本邸（大正時代）

れている。このほか華族では、旧臣や旧領出身者で立身した人物が顧問や評議員となり、家政運営上の最高意思決定に与っていた。無論華族といっても家の規模はさまざまであり、これらの職員もかならず置かれていたわけではないが、たとえば旧金沢藩前田侯爵家の場合、東京駒場の敷地一万三千坪の屋敷に男女あわせて百三十六人もの使用人がいたという。また毛利家や島津家の場合、広大な邸宅や多数の使用人はもちろん、元勲クラスが家政顧問として名を連ねていた。黒岩比佐子によると、明治期の標準的な大名華族では表には家令一人、家扶二、三人、家従《かじゅう》四、五人のほか下男二人、馭者《ぎょしゃ》・馬丁《ばてい》・車夫《しゃふ》・台所料理番などがおり、奥には夫人付の老女・侍女・小間使い、姫様の御付、ご隠居の御付、乳母・子守・中働き・下働き・縫物女・髪上げ・湯召《ゆめし》・衣裳などがいて、表奥《おもておく》あわせて三十から五十人の使用人がいたという。

　華族の資産運用は家政機関や顧問によって行われて

おり、当主といえども勝手は許されず、女性に至ってはまったく話に与らせてもらえなかったという。なお談話内に出てくる十五銀行とは、明治十年、華族の金禄公債をもとに開業した銀行である。同行は「華族の銀行」として高い信用を集め、安定した経営をつづけたが、大正後半以降、急速に業績を悪化させ、昭和二年の金融恐慌で休業に追い込まれた。このとき多くの華族が経済的打撃を受けた。

○大久保（洋）「表《おもて》」というのは、具体的にどのようなところでございましょう。

○京極　表と申しますのは、事務所というのかしら。家の経済を事務所の人がやっておりまして、それを表といっておりましたね。

○上田　表といいますと、御当主のいらっしゃるところかなと思ってしまうのですが、それは奥《おく》なのですね。

○京極　はい。それは奥です。表というと事務の人がいたところでございます。玄関の傍に溜《たま》り部屋があって、そこに男性が三人位いて「御役所」とも「御詰所」とも言っておりました。

○寺島「そこへ行ってはいけません」と言われて、そうするとわざと行くのよね（笑）。

○大久保　以前、霞会館で『東京都庭園美術館旧朝香宮邸をたずねて』という本をまとめた折、大給《おぎゅう》湛子《きよこ》様（朝香宮鳩彦王《あさかのみややすひこおう》第二女子）にお話を伺いましたが、やはり表がでてきますね。

○京極　私は武家のことしか知りませんが（笑）、武家の伝統でしょう？　徳川家に表と奥があったのを小規模に真似していたのではないでしょうか。

——そういった文化が明治に流れ込んできて、自然と形作られてきたのでしょうか。

○京極　そうだと思いますね。

――家のことで大きいことを決めるときは、相談役の了解を得ないといけないのですか。

○京極　お金のことは、そういうことなのでしょうね。当主が全部名君とはかぎらず、至らないかもしれないから、そういうことをしないとね。

○寺島　実家《さと》には表の職員と、運転手、書生がいました。家政顧問のような方もおりました。ほかにも家の政《まつりごと》を扱う「家政所」という所がありました。大きなことは「家政所」の人がやっていましたね。「女の子は、そういうことを知る必要はないよ」と言われて、全然話を聞かされなかったのですけどね。

○京極　私も聞かされなかったです。私が結婚する頃は、わが家はずっと力を失っていたらしいことを、当時はちっとも知りませんでした。毎日の生活がちがって来るわけではないので、気づかないのです。ただ結婚する頃に、相談役といって、顧問の方と父が話しているのを聞いて、以前とはちがうのだなということを知りました。でも倹約をするようなことを言われなかったのは、娘になるべく心配をかけたくないという親の配慮があったのでしょうね。娘時代は全然知りませんでしたが、父が他人様の保証人に四人でなったところ、他の三人の保証人の支払い能力がなくていらしたので、すべてを被ってしまったということを結婚後主人から教えてもらいました。それから十五銀行のトラブルも十分被ったということも聞かされました。父は晩年、私に「どんなことがあっても保証人にだけはなってはいけない。それが親友であってもだ」と固く申しておりました。

○寺島　昔、実家の高田老松町には、貸家がたくさんあったのですよ。家の近くに「御小屋」といって、うちに勤めている人をタダで入れておくところがありましたが、その向こう側には「貸家」というところがあって、そこはいろんな人に貸してお金を取っていたらしいですね。

――「御小屋」というのは、今でいう社宅みたいなものですか。

○寺島　そうです。「細川」という会社みたいなものですね。

Ⅱ 華族令嬢としての教育

1　女子学習院という小宇宙

入学の風景

京極《きょうごく》典子《のりこ》、寺島《てらしま》雅子《まさこ》、勝田《しょうだ》美智子《みちこ》、上杉《うえすぎ》敏子《としこ》の四人は、いずれも女子学習院の同窓生である。典子は大正十一年（一九二二）の春に、雅子は翌年春、美智子は二年生から、敏子は大正十三年の秋に女子学習院本科に入学した。

学習院は、幕末に京都御所内に設けられた公家の教育機関を祖とする。明治十年（一八七七）に神田錦町に開校した学習院は華族会館の管理する私立学校であったが、明治十七年より宮内省所管の官立学校になった。女子の学習院は明治十八年十一月十三日、四谷仲町（現在の迎賓館赤坂離宮正門前）に華族女学校として開校した。同校の設置には昭憲皇太后《しょうけんこうたいごう》の意向が強く影響しており、開校にあたって華族局長官徳大寺実則《とくだいじさねつね》より学齢の女児をもつ華族に対し「皇后宮思召ヲ以テ華族女学校御設立相成候ニ付テハ華族学齢ノ女子可成入学候様父兄ニ於テ奨励有之度」と通知が発せられた。その後、同校は明治三十九年からは学習院に併合され学習院女学部となり、大正七年九月にふたたび独立、女子学習院となった。四人が学んだ時代、女子学習院の校舎は青山練兵場跡地の一角、現在秩父宮ラグビー場がある辺りにあった。独立といったが、女子学習院は男子の学習院とは終始密接な関係にあった。学習院

女子学習院

といえば、皇族、華族のイメージが強いが、彼女たちの学生時代、華族の女子は女子学習院には事実上フリーパスで入学でき、授業料もなかった。非華族の女子にも一応門戸は開かれていたが、華族だけでは定員に満たない場合にかぎられ、入学後も授業料を徴収された。まさしく「華族の女学校」であった。

典子・雅子・敏子の三人は、本科に入学する前、併設の幼稚園に通っていた。幼稚園は男女共学で、園児たちは「タブリエ」と呼ばれる上っぱりを着用し、積木や遊戯、唱歌、粘土細工や書き方、談話などに取り組み、新宿御苑に遠足に出かけるなどした。幼稚園内の風景は彼女たちが通っていた頃と現在とのあいだに大差はない。だが通園風景は今とは大分ちがっていた。多くの園児は、御供が付き添い、マイカーならぬ人力車で通園していた。このため校内には、幼児や学生に付き添う女中のため「付添室」(供待ち部屋)が設けられていた。付添室は畳敷きの道場のような広い部屋で、裁ち台のほかへラやコテ（アイロン）が置いてあり、お供は帰りの時間まで裁縫や編み物をしてすごしたという。また部屋には裁縫の教師がいて、稽古をすることもできた。

——女子学習院時代のことについて伺いたいと思います。幼稚園に入るには何か特別なことがあったのですか。

○寺島　学習院には入らなければいけないことになっていました。「昭憲皇太后様の思召しで、学習院に行かなくてはいけない」とか言われていました。だから試験も何もなく、ただ幼稚園に連れて行かれたのです。

○京極　「あと何日かたてば幼稚園に行くのだから、着物とか、きちんとしなくてはダメよ」と家で言われて、幼稚園に行きましたね。試験のようなこともなく、ズラズラズラと入ってしまいましたね（笑）。

○寺島　京極さんはお一人だからおわかりにならないけど、私は兄の護貞《もりさだ》と姉の敏子《としこ》がおりましたから、兄や姉を見て、当然学習院に行かなくてはと思っておりましたね。

——幼稚園は、いわゆる今の幼稚園とおなじなのですか。

○京極　今の幼稚園と一緒ですね。

○寺島　青山の女子学習院のなかにございました。

○京極　幼稚園はとっても楽しかったです。幼稚園に参ります際には御供がついてくるのです。女中部屋みたいな部屋がありましたね。

女子学習院幼稚園（前から２列目の左から６人目が京極典子）

○寺島　「御供部屋」といいました。
○京極　学習院ではお裁縫の先生をお願いしてあるのです。御供は私の幼稚園が終わるのを待つあいだ「供待ち部屋」で和裁のお仕事を教えていただくのです。御供のなかには、お裁縫ができる人もいるけれど、できない人もいるわけです。そこで教えていただいて、私と一緒に家に帰る。あれは良い制度だと思っていました。御供もみんな喜んでおりましたね。
――最近の幼稚園ではバスで送迎がありますが、その頃の皆さんの通園風景というのは、どんなふうでしたか。
○寺島　私には三つちがいの姉がおりましたから、二人でちょっと大きめの人力車に乗せられました。途中でちょっと重くなったから、「分かれてください」と言われて、一人一台ずつになりました。それに御供がつきますから、人力車が三台つながっていました。私は高田老松町、今の目白台に住んでおりましたので、女子学習院からはとても遠いでしょう。帰りには目白坂という坂があり、そこに「力牛《ちからうし》」という牛がいるのです。車夫が坂を登るのが大変だから、それを頼みますと梶棒の先の方へ行って引っ張ってくれるのです。そうすると車夫は力が要らないでしょう。その坂を登ると牛は自分で帰るのです（一同笑）。

――そういう仕事があったのですか。

○寺島　そうです。目白坂の下に牛がいっぱいいるのです。「今日はどんな牛が引くかしら」と姉と二人で楽しみにしていましたね（笑）。

○京極　はじめて伺いました。

○勝田　私も知らなかったです。

○京極　大きくなって小学校にあがれば電車で行きましたけれど、幼稚園のときは人力車でした。「そんなに暴れないで」と叱られながら乗りましたね。「暴れると重いから、おとなしく、おとなしく」「跳んだりしないで」と車屋さんに言われました。幼稚園のときは、そういうことを言われるのも楽しゅうございましたよ。

――そうしますと朝、始業の少し前になると人力車が集まって来る感じですか。

○京極　自分の家の乗り付きがいるのです。車屋さんは、今のハイヤーを雇うように、明日の朝来る人力車が決まっていました。振りの人力車には乗りませんでした。
――自動車で来た人はいましたか。
○京極　その後になれば、同級生に自動車でいらした方はありましたが、幼稚園の頃は、自動車はまだあまりありません。馬車はあったかもしれませんけれども。自動車に子どもを乗せて学校に通わせるのは、もう少しあとの時代ですね。
――人力車は今では観光用くらいでしか見かけませんが、あんな感じで乗っていたのですか。
○京極　あんな感じです。今、京都や浅草でみられる人力車とおなじですよ。乗ると毛布みたいなものを膝に掛けるのです。あの頃は「ケット」といいました。毛布に巻かれて、足の下に、お炬燵の炭火が入ったものもあって暖かいのです。車夫の人はお馴染みだから、「松つぁん、速く」とかお友だちみたいに言うのですよ。「そんなに騒いじゃ困りますよ」と言われながら、楽しゅうございましたよ。

独特な学制

彼女たちの女子学習院時代をみていくうえで注意しなくてならないことの一つに、大正十年四月から昭和六年（一九三一）三月まで女子学習院で採用されていた二重学年制がある。同校の長い歴史のなかでわずかな期間しか採用されなかった制度だが、彼女たちの世代は完全にこれに合致していた。二重学年制とは学年を四月からと十月からの二つに分け、春秋それぞれの入学式の前日までに六歳に達した生徒が、四月は春組、十月は秋組として入学したもので、同一学年内の生徒の心身発達の差異を短くできるという利点があった。同制度は明治四十二年の文部省令により規定されていたものの、採用していた学校は全国で十校足らずというめずらしいものであった。

女子学習院では、二重学年制とともに、小学科（六年）・中等科（五年）を廃して、十一年一貫の本科を置き、前期四年、中期四年、後期三年とに区分した。これは在学生のほとんどが同校で十一年間を一貫して教育を受けていた状況を考慮したもので、本科卒業後にさらに学ぶ学生のため二年間の高等科も設けられた。これらは先進的な改革であったが、本科卒業後、高等科に進学する際、秋組卒業者が翌年四月の入学期まで半年待機を余儀なくされるなど、さまざまな矛盾や問題が生じたことから昭和六年に廃止された。

――学習院のクラスは春組と秋組に分かれるのですか。

○寺島　しばらく、そういうことを試しになさったのですね。それまでは南北という組でした。もとはおなじ四月にはじまったのですけれども、四月生まれと三月生まれが一年ちがうのに一緒なのはおかしいということで、秋組というのを試しに作られたのです。紅葉のいい頃に秋休みというのが五日間か一週間ございまして、そのお休みが終わると秋組の一年生が入ってきました。でも、しばらくして止めになりました。補習課といって秋組が春組の卒業まで待っているのですよ。

○京極　良い制度みたいなのですが、卒業式がちょっとまずくて、お止めになったのでしょう。

――女子学習院の生徒さんは、お互いに顔を知っているものですか。

○寺島　上級生は、ほとんどわかります。下級生の方は、ちょっとわからない方もいます。上級生は大抵わかりますね。運動会やテニス会、修辞会といろいろ行事がございましたから。

○京極　知らない人は、あまりいないですね。下級生は、三年ぐらい下まではみんな知っていますね。

○勝田　一クラスの人数がとても少ないのです。多くても三十六人くらいです。

○京極　私のクラスは三十四人です。

教育勅語と金剛石の御歌

女子学習院は、昭憲皇太后の思召しによって設立されただけに、歴代皇后をはじめ皇室とは深い関わりを有した。なかでも明治二十年三月、皇后より華族女学校に下賜された「金剛石」「水は器」の御歌は、女子学習院の教育の根本として尊重された。金剛石とはダイアモンドのことであり、二つの御歌は在学中、学生は、入学式・卒業式および皇后陛下御誕辰奉賀式において歌うことになっており、彼女たちも現在でも諳《そら》んじることができるほどであった。

金剛石

金剛石もみかかすは　　珠のひかりはそはさらむ
人もまなひてのちにこそ　　まことの徳はあらはるれ

時計の針のたえまなく　めぐるかことくときのまの
日かけをしみてはけみなは　いかなるわさかならさらむ

水は器

水はうつわにしたかひて　そのさま〳〵になりぬなり
人はましはる友により　よきにあしきにうつるなり
おのれにまさるよき友を　えらひもとめてもろともに
こころの駒にむちうちて　まなひの道にすゝめかし

教育勅語は明治二十三年十月、明治天皇《めいじてんのう》より下賜されたもので、戦前期日本における道徳教育の最高規範とされた。

――女子学習院では、どのような教育方針だったのでしょうか。華族の子女らしい特別な教育を受けましたか。

○寺島　乃木《のぎ》大将の影響で「質実剛健」の教育でした。教育勅語とおなじですね。

○京極　「質実剛健」「忠君愛国」、それから「夫婦相和シ朋友相信シ」、友だちとは信じ合い、兄弟は仲良く、親には孝行、皇室を中心にお国には愛国心を持て。これが基本ですね。

○勝田　それでほら、昭憲皇太后の「金剛石」の御歌があるでしょう。

○寺島　お式のときにそれを歌いましたよね。

○京極　「金剛石もみかかすは　珠のひかりはそはさらむ　人もまなひてのちにこそ……」

――そういう教えを毎日空気のように受けていると、自然とそうなるものですか。
○京極　もちろん。それはもう自然に身につきました。
○勝田　「教育勅語」を一冊ずつ持っていて、朝はかならずみんなで読まされましたね。
○京極　ちっとも不思議と思わなかったです。あの頃の子どもは、みんな親の言うことと、先生のおっしゃることは何でも聞かなければいけないと思い込んでいますからね。私の家では親の言うことと、先生のおっしゃることがおなじでしたから、「これが良いことなのだ」と、ただひたすら思いました。
○寺島　そうよね。先生がすごくご立派だったわね。
○京極　先生は超一流の方ばかりでした。今思うと、もっと勉強するべきでした。

質素にして奥床しき

女子学習院の教育では、学習院女学部時代の学習院長乃木希典《のぎまれすけ》の影響が大きかった。乃木は日本精神の振起と皇道精神の宣揚に力を注いだ。具体的には質素が強調され、また体育・衛生面が重視された。乃木は、厳格な規律をもちい高潔な人格の育成をめざしたが、その教育方針は男女の学習院において後々まで受け継がれた。具体的にみると、服装は、和装・洋装を問わず質素清潔なものをもちいることとされた。大正十四年には、和服の袖を本科は元禄袖、高等科も短くすることとし、洋服はジムドレスまたはセーラーの二様式に限定するという、服装に関する標準形式が定められた。さらに昭和八年には「学生服装に関する心得」として各家庭に小冊子を配布し、和服の生地は銘仙《めいせん》をもちいることとし、袖の長さやスカートのひだの幅などが詳細に規定された。

——男子の方は乃木院長時代の校風が後々まで影響したといいますが、女子も一緒なのですか。男子の学習院ですと「服が破れても破れたままではいけないが、ちゃんと縫って直してあれば恥ずかしいことではない」といわれますが。

○京極　おなじですよ。やはり乃木大将のお考えが、女子学習院にも残っていたと思います。女の子ですから破れた服は着て行かなかったけれども、そういう教えでしたね。たとえば、私の家はカーペットが破けても繕って使わなくてはいけませんでした。安直に替えることはさせなかったですね。

——本当に質素をもって旨とする風だったのですね。

○京極　皆さん派手にしようとすればおできになる方々だから、きりがないのですよ。放っておけば華美を競い合ってしまう。だから制服も決まるし、お式のときの紋服も銘仙以上は着てはいけないことになっていました。銘仙というのは、足利などで織られた織物です。木綿ではなく、絹ではあるけれども、紬《つむぎ》風で縮緬《ちりめん》とはちがいます。絹で縮緬や御召《おめし》〔御召縮緬のこと〕は上等で、銘仙は我々にとって普段着でしたね。

——質素を旨とするとはいえ、女の子としてはお洒落もしたいということはないのですか。

○寺島　だって制服がございましたからね。普段はずっと制服でした。

○京極　家へ帰ってからいたしました。家へ帰れば髪にリボンを結んでもらったりしました。お客様がいらっしゃれば、きれいな着物に着替えたりしました。
○寺島　学校では、お飾りなんてしなかったわね。
○京極　とても厳しいのです。セーラーかジムドレスの二つしかいけないのです。
○勝田　学校の洋服を作る洋服屋が決まっていたでしょう。吉沢ともう一軒の二軒だけだったのですね。
○寺島　三本白い線が通って、胸当てに八重桜がついているのね。
○京極　それが女子学習院の校章でした。
○勝田　ブローチもリボンもダメでした。髪は、お下げを三つ編みにしました。
○京極　三つ編みか、後ろに束ねたりしました。おかっぱは幼稚園ぐらいまでで、学校ではいませんでした。三つ編みを黒いゴムで編むのですから毎朝たいへんですよ。でも三つ編みが長くなるのもいやでしたから、せめて寸法ぐらいはお洒落をしました。
○勝田　聖心女子学院のバザーにお友だちがよくいらして、私も呼ばれて参りますでしょう。そうすると、あちらの学校はちゃんと白いリボンを結んでいらっしゃるのです。それが羨ましかったです（笑）。

徳育の重視

○寺島　修身の授業が良かったわよね。修身というのは、全然お成績がつかないでしょう。でも大事だと思いました。

○京極　それを休むことを先生はとてもお嫌がりになりました。「修身の時間には遅れないように」といわれておりました。数学や英語より大事でしたね。

○上杉　「修身」という教科書がありましたね。小学校のときには『教学聖訓』を暗記させられましたね。

――修身で習ったことは今でもご自分の性格などに影響を与えていると思いますか。

○京極　大いにあると思います。

○上杉　クラスによってちがうけれど、竹田倭子《たけだしずこ》先生はどうでいらっしゃいました？　私は、修身の授業では感想文を書いて持っていきました。国文系の先生だから書くことをたいへん奨励なさったのです。修身では、ずいぶんいろいろ考えさせられましたね。

○京極　私もおなじ先生でしたから。ですから私は今でも書くことはいやではないのです。

○上杉　一日一善でもないけれど、竹田先生はわりにそういうことに厳しかったですね。

――修身を学ばれた身としては、修身は戦後に批判されたような軍国主義的なものではないとお考えですか。

○京極　まあ、今とは世の中がちがいますからね。我々が教えていただいた通りのことだと、今の世の中には少し窮屈だろうと思いますが、我々は習っておいて良かったと思います。軍国主義とはつながらない。道徳と軍隊とはまったくちがうと思いますね。軍国主義と修身とはまったくちがいます。私たちの教えていただいた修身は、むしろ「婦道」というか女として正しく歩むべき道を教えていただいたと思っております。

――では、女子学習院で習ったことはどのように人格に影響を与えたと思われますか。

○京極　私は、学習院の教育と、自分の家の教育がぴったりおなじでした。今の自分は、家と学校とのおなじ考えの教育によってできていると思っています。

○寺島　私も、とても学習院の教え方は良かったと思います。家で特別にどうということはなかったのですけどもね。私はこちら様みたいにおしとやかじゃなくて、ただ暴れてばかりおりましたから。でもまちがったことはしなかったと思いますね（笑）。

○勝田　私も、もちろん学習院は入って良かったと思っております。わりとのんびりと、勉強もたいへんと思わなくて楽しくできました。それから、私の家はすごく開放的でしたので、すごく楽しかったものです。学校も家も楽しかったから、戦前は気持ちが良かったと思います。

教学聖訓

女子学習院の徳育教育を語るうえで欠かせないもののひとつに『教学聖訓』があった。同書は華族女学校以来賜った勅語や令旨・御歌や、国民一般に賜わった勅語、詔書のうち、教学に関するものを収録したもので、全教職員、学生に配布された。最初の『教学聖訓』は明治四十四年五月に作成され、その後、改訂増補が行われた。『教学聖訓』は入学の日に院長より授与され、学生は「通信簿」とともに毎日必携し、日夕奉誦することになっていた。談話では、勝田美智子が『教学聖訓』や「夏休みの心得」など女子学習院在学当時のゆかりの品を披露している。

○勝田　これは「夏休みの心得」といって女子学習院で夏休み前にいただいたものです。私の家は空襲でほとんど焼けてしまったのですが、どうしたのかこれが残っていたから、ご参考になるかと思って持ってきました。このあいだよく読んでみたらいろいろ書いてあって、とても厳しいのです。あまり守られてなかった（笑）。あと『教学聖訓』も持ってきました。

○上杉　『教学聖訓』などを納めた袋も持ってらっしゃったじゃない。

○勝田　袋を銘々家庭でお手伝いさんが縫ってくれるのです。

○寺島　毎日かならず持って行きましたね。修身の時間にはいつも読まされました。それから教育勅語の「朕我惟フニ吾カ皇祖皇宗……」などを書かされました。

○勝田　それを覚えてみんな読むのです。袋の下には学校へ通う証明書が入っています。これだけ何だか取ってあったのです。

○京極　よく取ってありましたね。よっぽど守ろうと思ったのでしょう。

○勝田　そう。私これを無くしたら自殺しなくちゃならないと思っていたのです（笑）。

2 華族の女学校として

思い出の先生たち

四人が在籍していた頃の女子学習院は、院長が大島義脩《おおしまよしなが》（大正七年九月〜十二年八月）、松浦寅三郎《まつうらとらさぶろう》（大正十二年八月〜昭和七年八月）、長屋順耳《ながやじゅんじ》（昭和七年八月〜十五年八月）であった。同校はすぐれた教授陣を揃え、また講師として洋画家の黒田清輝《くろだせいき》や、女子教育の先覚者として名高い大江《おおえ》スミが在籍したこともあった。

——院長というのは身近な存在なのですか、それとも偉い先生ですか。

○寺島　授業を教えてくださらないから、あまり身近ではありませんでした。卒業式とか修辞会とか、みんなで講堂に集まるお式のときにお目にかかります。お教室にはいらっしゃらないから、あまりお会いしないですね。

○京極　お目にかかればお辞儀をするくらいでしたね。なにしろ廊下を走ったりすることは絶対許されませんでした。静かに歩きましたし、先生にお会いすればちゃんと立ち止まってお辞儀をしました。

——とくに思い出深い先生はいらっしゃいますか。

○寺島　歴史の友納《とものう》先生？

○勝田　いい先生だったわね（笑）。

○京極　依田豊《よだゆたか》先生の方がいいわよ（笑）。

○寺島　先生がよかったから、地理がお得意になったのね（笑）。

○京極　人によって先生に対する評価はちがうのでしょうね（笑）。でも本当に先生のおっしゃることはまじめに聞きましたね。反抗するとか、そんなことを思ったことは本当に一度もなかったです。今の時代とくらべると考えられないでしょう。

○寺島　それぞれの組に受け持ちの先生がいらしたのですよね。我々のクラスは、一年に入ったときは杉江《すぎえ》という男の先生です。二年目では渥美《あつみ》ふさ先生。中期になったら小島《こじま》ミサヲという女の先生。それから後期にその先生が持ち上がりました。小島先生から、吉場《よしば》先生、永戸《ながと》きよし先生と、一年ごとに受け持ちの先生が替わられたのです。そして、それぞれご自分の専門分野を教えてくださいました。永戸先生は音楽の先生で、吉場先生は歴史でした。

○京極　先生方も、学習院にお仕事場をお持ちになったことをとても誇りにしていらっしゃいましたね。それを私ちょっと感じたことがあります。前期のときに、山本徳一《やまもととくいち》先生という先生が学校に赴任してらして、私どものクラスの受け持ちをしてくださったのです。私は全然記憶がないし、申し上げた覚えもないのですけれど、卒業して何年か後、謝恩会をしたとき、山本先生とお隣になったのです。先生が「あなた、京極典子さんですか」とおっしゃるので、「はい、そうでございます」と答えましたら、「うわあ、懐かしいな」とおっしゃるのです。私は、びっくりして伺ったら、先生は学校にお勤めして早速、川越にお芋掘りに行ったのです。そうしたら京極典子さんが、「先生、くたびれちゃったからおんぶして」って言ったらしいのです。私はあわてて「私そんなこと申し上げません。いくら馬鹿でも先生にそんなこと申し上げません」と言ったのですけど、先生は「でも、あなた京極典子さんでしょう」って。私は最後まで「申しません、申しません」と言ったのですけれど、友だちは味方してくれると思ったら、先生の方について「典子さんあの頃から歩くのがきらいだったから、言ったのでしょう」と言うのですよ（一同笑）。

とても困ったのですけれど、そのときに先生が「僕は、大変なところに奉職しちゃったと思いましたよ」とおっしゃったのです。先生は学校にいらしたことを職を奉る、「奉職」とおっしゃいました。そういうふうに、とてもここにいらしたことを誇りに思っていらっしゃったのだなと感じました。でも、私は「おんぶしてくれ」なんて言わなかったです。

○寺島　おっしゃったかもしれない（笑）。

○京極　友だちは「言ったのでしょう」なんて、よくからかうのですよ。

歴史授業のむつかしさ

女子学習院に学ぶ生徒のうち、およそ三分の二程度は華族が占めていた。子ども同士とはいえ各家の伝統は、無意識のうちにも学校生活の端々に顔をのぞかせていたようである。徳川将軍家出身である上杉敏子のエピソードはそうした一端を垣間みせてくれる。ちなみに敏子を涙ぐませてしまった歴史担当の鍋島直康《なべしまなおよし》先生とは、旧佐賀藩主鍋島家一門の男爵家出身で、昭和六年九月に女子学習院講師となり、八年四月に教授に就任、長身で若くて美男子ということで、当時授業を受けた学生たちのあいだでは人気であったという。

――華族の方は、それぞれ歴史ある家の子孫ですが、歴史の授業では先祖がしばしば登場します。華族の方にとっては歴史の授業というのは、一種独特なものではないかと思うのですが、どうでしょうか。

○寺島　それは、上杉さんよね（笑）。

○上杉　ちょっと事件を起こしたということなのですけど（笑）。鍋島直康先生という歴史の先生がはじめて教壇に立たれた日に、クラスを和やかなムードにしようとお思いになって、いろいろな歴史上の人物の好き嫌いとか、そういう人間的なことをまずお話しになろうとお思いになったらしいのです。私は徳川ですけれど、家康のことを「狸親父」と黒板にお書きになって、秀吉の方が人気あって家康はどうとかとおっしゃったので、私は涙が出て、先生をお困らせしたのです（笑）。先生が教壇に置いてある名簿をご覧になって、あわてて「狸親父」をお消しになって、「あっ、ここではこの話はまずかったな」とおっしゃったのが、すごく悲しかったのです。この事件が有名になってしまいましてね。「家康のことで泣いた徳川」とずいぶん後までいろいろな方に冷やかされました。それまで、家では本当に「権現様」「天皇陛下の次に偉い方」と教え込まれていましたから、すごくショックだったのです。

――「狸親父」というあだ名は、そのときにはじめて聞いたのですか。
○上杉　多少は聞いていましたけど、はっきり「秀吉の方が人気あって、狸親父はあまり好かれていない」というようなお話になってきたものですから、すごくショックで。鍋島先生が男子部の方でも「すごく困ったのだよ」とおっしゃるものですから、ずいぶん大人になってから「家康のことで泣いた方は、あなたですか」とからかわれたりしました（一同笑）。
――それは何年生くらいのことですか。
○上杉　鍋島先生がはじめていらしたときだから、何年でしょうね。私のクラスが最初の授業だったそうです。歴史をあまり堅苦しく考えないようにと、お思いになったらしいのですね。はじめて教壇に立たれて、最初に大失敗したの（一同笑）。いつまでも話題の種になりました。
○京極　鍋島先生も佐賀の鍋島一門のご出身なのです。どうしてお話しになったのかはわかりませんが、先生が六年会の会員におなりになったときに、私は先生にお聞きしたのです。「先生、泣かしたって本当？」って（一同笑）。そうしたら「本当なのだ。あれはまずかったのだ」とおっしゃったのですよ。それで「院長に呼ばれてお叱られになったというのは、どうなの？」とお聞きしたら、「それも本当なのだ」と（一同笑）。院長に呼びつけられて、「ここはむずかしいところなのだから、今後は十分気をつけろ」と叱られて、這々《ほうほう》の体で引き下がられたそうです。六年会でおっしゃったのだからまちがいないです。
○上杉　申し訳ないです。

○寺島　歴史のときはむつかしゅうございますね。

――他の皆さんのときも歴史の授業は、独特なものがありましたか。

○京極　私のクラスはございませんでした。第一、学校の頃、どなたがお公家さんで、どなたがお武家さんだか存じませんしね。だんだん卒業間際になれば歴史で教えていただきましたし、常識も発達してわかりましたけれど。

○寺島　私のクラスは、お公家さんで一番の近衛昭子《このえあきこ》さんがいらっしゃいましたから、公家についてはございいましたよ。

○勝田　近衛さんのことは「へめさん」と言っていましたね（笑）。

○寺島　そうなのよ。御付《おつき》などまわりが「お姫さま、お姫さま」と呼ぶのだけど、まだお小さくてそれが言えなくて自分のことを「へめ、へめ」とおっしゃるのです。それで今でもあだ名になって皆「へめさん」と言っております（笑）。

○勝田　八十歳を過ぎても「へめさん」なのよ（笑）。

特殊な欠席理由

華族の子女が多く通う学校ならではのエピソードは、欠席理由にもあらわれている。先祖の法事や祭祀など各家の行事による欠席は、学校側からも当然として理解されていた。欠席のときには理由を記した「通信簿」を学校に提出したという。「通信簿」というと一般には成績表を想像するが、女子学習院では学校と家庭の連絡のための「通信」簿であった。また寺島雅子が席上、披露した「はなすみれ」の御歌とは、大正十二年六月十九日に貞明皇后《ていめいこうごう》が女子学習院に下賜したもので、当日は職員、学生幼児が講堂に集まり、御歌を二度奉誦し、拝観したという。さらに御歌は信時《のぶとき》潔《きよし》により作曲され、式のときなどにこれを奉唱した。

○寺島　私も簞笥を開けてみたら、学生時代のものがいろいろと出てきましたので持ってきました。これは貞明皇后より下賜された「はなすみれ」の御歌の色紙ですが、とてもむつかしくて読めないでしょう。

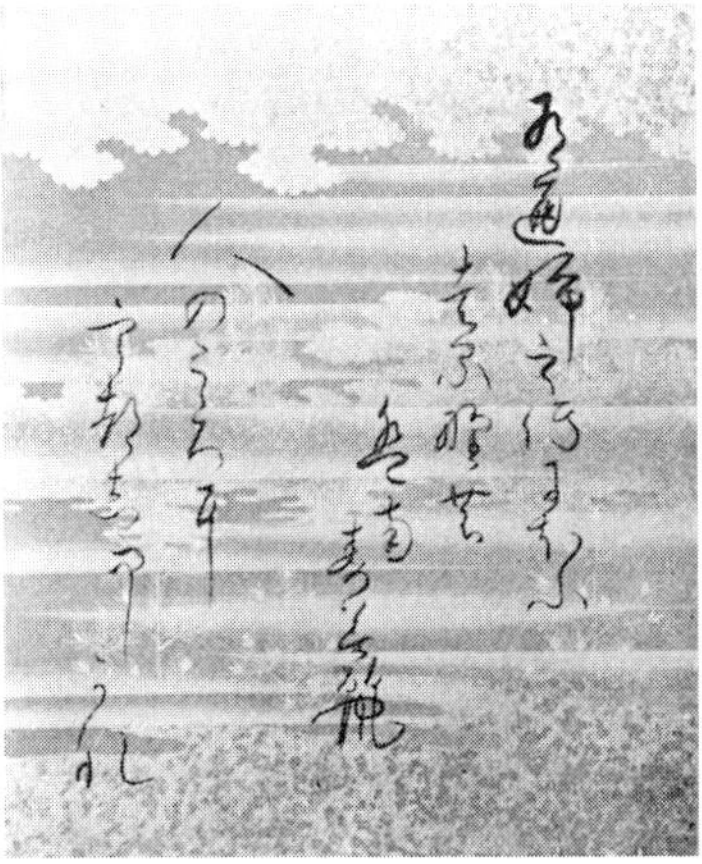
はなすみれの御歌

○京極　「うつふしてにほふはる野のはなすみれ　人のこゝろにうつしてしかな」

○寺島　皇后陛下の御歌なのです。それからこれは「通信簿」です。「通信簿」というと、お成績がつくとお思いになるでしょう。そうではなくて通信簿はただの欠席届けなのです。

○勝田　私は、小学校のときは身体が丈夫で一回しかお休みしなかったのです。そのときに通信簿に母が書いてくれて、それを先生にお目にかけたのです。

○上杉　結局欠席届ですよね。私はしょっちゅう風邪をひいて、お休みをしました。
○京極　「法事のため早退きします」とか、そういうのを書いて出すのね。
――『梅鉢草』にも書かれていますが、先祖のお祭とかで早退けとかお休みをなさっていたということでしたね。現在だと、そういう理由で平日に休むというのはあまり例がないと思うのですが、当時は先生の方でも先祖のお祭といえば「それは大事ですね」という具合で、合意ができていたのですか。
○寺島　そうですね。先祖の何年祭とか、そういうことです。
○京極　こちらも、それで休むことに何の引け目もないし、当然それはお休みなさいというムードでしたね。
○勝田　結局、理由がそういうことぐらいでしたものね。
――それでも数えると一年間に行うお祭も多くはないでしょうか。
○京極　歴代全部はいたしません。
――たとえば家康公の命日とかは休んだのですか。
○上杉　はい。うちにも神社があって、江戸城の紅葉山《もみじやま》にあった家康公の像をお祀りした東照宮があり、春と秋にお祭がありました。そのときは堂々と当然のような顔をして学校を休んだり、遅刻をしました。お祭がすんでから、その後の授業に出るとか、早退けなどをしていました。
○大久保(洋)　ズル休みをなさったことは?
○京極　私はあります。ズル休みでも、うちで法事と書いてもらいました(笑)。嘘のお届けをして、お能やお芝居に行く方もありました。うちでも別に「そういうことをしてはいけない」といわないで、書いてもらっていましたね。

○大久保　親公認ですね。

試験と成績

四人が学んだ当時の女子学習院では、二重学年制や三期十一年の一貫教育だけでなく、各教課においてもさまざまな工夫が凝らされていた。当時の時間割をみると後期では外国語に週五時間、国語に週四ないし五時間があてられており、理科にも週二ないし三時間があてられていた。これに対しきわめて重視されたという修身は週二時間、裁縫は週一ないし二時間、家政は週一・五ないし二時間である。一概にはいえないが、知育、とりわけ語学を重視した先進的な内容といってよい。もっとも学生として授業を受けた側である四人は成績のことをあまり重視していない。当時は、女子学習院の卒業生の大半は、卒業後ほどなく結婚して家庭に入っており、そもそも女性が高等教育を受ける機会がほとんどなく、良妻賢母主義全盛の風潮のなかでは、成績は今ほど重視されておらず、必要な教養の一環として身につければよいというふうに考えられていた。

○京極　成績のことをあんまりおっしゃらないのね。誰が一番だとか、そういうことを知らなかったです。

○勝田　親にも「勉強しなさい」なんて一度も言われたことありません。

○京極　私も言われたことがないです。「お膳に載っているものは全部食べなければいけない」とは言われましたけれども、「勉強しなさい」と言われたことはありませんでしたね。
○上杉　学年末とか学期末に、銘々先生のところに呼ばれて「もっと勉強しなさい」「この学科の点が少ない」とか、そういうことは言われました。けれど、他の方との比較は全然なしですね。
○勝田　試験の頃になると、親の方が「今試験でしょう、たいへんね」というぐらいですね。
――そうですか。私の祖父の場合には、クラスの座席が成績順に並んだので、後ろの方だと恥ずかしいということでしたが、そういうことはないのですか。
○寺島　我々は背の順でしたね。
○勝田　私はいつも一番前でした。
――成績はあまり気にしなかったのですか。
○一同　（うなずく）
○京極　「自分は優等生ではない、劣等生でもない」ということを自分でわかるというぐらいです。あんまり勉強って、順位を争うという気がなかったですね。
○大久保　でも手を挙げて答えたりするのは、優秀な方ですよね。そうすると周りの人でもわかるのではないでしょうか。
○京極　そうですね。あの方は歴史は全部答えるとか、それはわかってしまいますね。
○上杉　宿題や家で勉強してきたことを黒板に書くとか、そういうときは得意になって手を挙げて書いたりしましたね（笑）。
○京極　大体わかるけれども、それで順位が決まるということはなかったですね。
――期末試験に向けて、とくに勉強されなかったのですか？
○京極　それは一応しますね。
○勝田　私はしなかったです。それから、しょっちゅう「不意試験」というのがありました。「今日は皆さん試験をやりましょう」といって、時々急に試験をしたのでございますよ。そうするとみんなが「あらあ」なんて、ワーワー言ったのね。
――成績が良くないと、家に帰って怒られたことはないのですか。
○京極　卒業の頃、父から「おまえ、そんな成績ではいいお婿さんが来ないから、もうちょっと勉強しなさい」とはじめて言われました。ちょうどその頃、学校の先生もおなじように「典子さん、勉強すればできるのに、しないのね」とおっしゃったのです。それで自分でもいいお婿さんに来てほしいと思ったので勉強したのですね。そうしたら、とても良いお成績を取れたのです。担任の竹田倭子先生が「あなたは、早くからこうすればよかったのよ」とおっしゃられてね。「そうか」と思ったときには卒業でした。その程度です。
○大久保（洋）　お裁縫などでも試験はございましたか？
○京極　ございますよ。厳しかったですね。縫ったのに稲垣《いながき》先生に全部解かれて「しごきが足りない」と言われるのです。

○寺島　だけど稲垣先生は熊本の方でしょう。稲垣先生は「おうちに熊本の御次《おつぎ》の人が大勢いるでしょう、そういう人におさせなさい」とおっしゃるのです。呆れるでしょう。ですから女中に「運針しておいて」と頼んで、自分は全然したことないのです。本当にひどいわよね。
○勝田　では、みんなさせちゃったのね（笑）。
○大久保（洋）　お裁縫には不意試験はございませんでしたか。
○寺島　お裁縫にはなかったわね。
○上杉　ほら、展覧会があるときに、何か出さなくてはいけないのね。
○京極　お袴の雛形を作らされました。
○上杉　帯を作るのは後期になってからだったかしら？　作品を出さなくてはいけないというのはあったけど、別に試験はなかったです。
○大久保（洋）　宿題はございましたか。
○京極　宿題はあります。
○寺島　夏休みに運針何本というのがありましたね。私は女中にさせていたから、「これみんなあなたのお成績よ」って、いつでも言っていました。
——皆様が学ばれた頃の女子学習院の教育は、受験が目立つ今の教育とくらべてどうちがっていたのでしょうか。
○京極　学問のこともちろんなのでございますけど、第一に道徳と教養だと思います。それをたいへん重んじて教えられたように思います。

○上杉　ずっと持ち上がりですから、あまり受験は意識しませんね。

○京極　落第しなければ、ずっと上に行きますからね。

体を鍛える

女子学習院では、健康な身体づくりをめざし体育もまた熱心に行われた。華族女学校第二代校長細《ほそ》川潤次郎《かわじゅんじろう》は、虚弱な身体では十分な精神活動ができないと説き、明治二十七年より毎年春秋二回の運動会を開催したほか、体育の授業でも体操やダンス、肋木《ろくぼく》や吊輪《つりわ》などをもちいて発育の向上をはかった。運動の奨励は課外活動にも及び、二時限目と三時限目との間を二十五分の「お長休み」とし、昼休みとお長休みは戸外で運動をさせた。また放課後には、月曜から金曜までは一時間、土曜は二時間、運動することが奨励された。課外運動は、主として「巴合戦《ともえがっせん》」、テニス等で、巴合戦は、二組に分かれて敵の旗を奪い合う遊びで、学生を二組に分けた後、さらにそれぞれの組を赤・白・黄の三組に分け、色ごとに鬼ごっこのように摑まえ合って遊んだ。白は赤に勝ち、赤は黄に勝ち、黄は白に勝つというように、三つ巴の関係になっており、かなり勇壮な遊びであった。談話に出てくる西体操教室とは、大正十五年に建築された鉄筋コンクリート造りの運動施設で、肋木、吊輪、水平捧《すいへいぼう》、バスケットボール、バレーボール設備のほか、更衣室やシャワーも備えられていた。

——学校では、どのような遊びが流行りましたか。

巴合戦

○寺島　縄跳びをみんなでしました。それから巴合戦という遊びをお昼休みにしましたね。
○上杉　私は巴合戦が忘れられないです。毎日お昼休みになると、三色のタスキをかけて旗取り合戦をやって、それにはかならず出なくてはいけないのです。
○京極　私は逃げようとするのだけれど、お迎えが来るのです。
○上杉　「お休み時間はお教室に居ないように」といってみんな出されるのですよ。
○寺島　お教室にいて本を読んだり、編み物をしてはいけないのよね。
○京極　あの頃、全体に体格も今ほどよくないし、皆を丈夫にさせようというお気持ちですね。とにかく「みんなと一緒にする巴合戦に参加せよ」という方針でした。
○寺島　斜めにタスキを掛けたクラスと、十文字にタスキを掛けたクラスとに分かれました。それで赤が黄色に勝って、黄色が白に勝つのです。
○勝田　白と赤の旗が、あっちとこっちで立っていましたね。
○上杉　叩かれると抜けなくてはいけないの。なるべく早く向こうの旗を取ったほうが勝ちなのです。
○寺島　叩かれた人は、勝負がつくまでじっと待っていなくてはいけないのです。巴合戦は大好きでしたね。
○上杉　旗の番人をしたりするのです（笑）。
○寺島　旗の番人はつまらないわよ。攻めて走り回るわよ（笑）。
――巴合戦は皆様が入学されたときから、ずっとやっていたのですか。
○上杉　前期はありませんでした。中期は中期、後期は後期で、別の場所でやりました。
――他には、何かされましたか。
○寺島　「鬼婆ごっこ」というのもしましたね。
○勝田　秋田の佐竹三恵子《さたけみえこ》さんが、はりきっていらっしゃいました。佐竹さんはかならず鬼婆で、近衛さんがお姫様。お姫様を皆で守るのです。
○寺島　「おへめさん」が、かならずお姫様でしたね。佐竹さんは、ご自分が鬼婆がお好きなので、どうしてもなりたいのです（笑）。
――遊具は充実していたのですか。

○勝田　西体操場というのができたのです。今の青山四丁目から日本青年館に行く方のところにありましたね。

○京極　あれができてから、運動も大事だということを強く思いましたね。

○寺島　吊輪とか肋木とかいろいろあったわね。

○勝田　それから使わなかったけどシャワーのようなものもできていたわね。

○寺島　西体操場ができたときに、体操服もはじめてできたのよ。

——今だと体育の時間に体操服は当たり前ですが、その頃はどうだったのですか。

○寺島　体操服がなかったので、セーラーのままでテニスでも何でもしておりましたよ。和服で来ていたりすると、和服のまま、袴《はかま》のままです。

○大久保(洋)　お袴の方も靴を履いていらっしゃるのですか?

○寺島　お袴に、靴下と靴でしたね。

○京極　袴に靴、靴下というのは、むしろ明治の頃のスタイルですね。明治のハイカラさんというか、それこそ三浦環《みうらたまき》がそういうスタイルで音楽学校に通っていたと聞いておりましたね。お家の方針で「洋服などという外来のものは着用の必要なし」ということで卒業まで和服を召してらした方もいらっしゃいましたね。

○寺島　目立っていましたね。お一方だけ袴をはいて。

——授業が終わった後の、クラブ活動やサークル活動みたいなものはありましたか。

○勝田　ないですね。北体操場にピンポン台があったので授業が終わってから行くこともありました。
○上杉　放課後はテニスも何曜日はどのコートを何年のどのクラスが使うとか決まっていたでしょう。放課後の何時かまでは勝手にテニスをしていてよくてね。クラブとはちがいますね。
○京極　部活というのは一切ございません。

学校帰りの風景

彼女たちが女子学習院幼稚園に通っていた頃には、通園には人力車が多く使われており、大正九年には、正門門衛所の裏に車夫のため男の「供待所」が設けられたほどであった。その後、本科に通う頃になると、交通機関の発達により、通学方法も、人力車から市電・省線やバスなどへと変わっていった。

○上杉　お迎えの女中さんが来て、一緒に帰らなくてはいけないことになっていました。女中が来ないうちに勝手に帰ってはいけないのです。私は幼稚園から前期のはじめくらいは人力車でした。人力車が二台来ました。妹の書いた『花葵』にありますが、御付《おつき》と妹が一台に乗って、姉と私とがもう一台に乗ってというふうに二人ずつ乗るのです。
○寺島　よく御付が帰ると泣いていらした（笑）。
○上杉　姉と乗りたがって、順番とか何か言っていました。それから「歩いて通いなさい」といわれた時期がバスが通るまでありました。千駄ヶ谷の家まで結構歩きましたよ。

――徳川家の姉妹のためにバスがわざわざお屋敷の前に停まるという話を聞きましたが。

○上杉　それはだいぶ後ですね（笑）。四聯隊〔近衛歩兵第四聯隊〕の前からバスが出て、千駄ヶ谷経由原宿行きの路線があったのです。千駄ヶ谷駅にお客さんがあればそこまで行きますけど、降りる予定の方がないと、私の家の前でぐるっと廻って降ろしてくれるのです。だから専属バスみたいに皆さんがおっしゃるけど（笑）、建て前としては千駄ヶ谷の駅へは行くことになっていましたのね。

――それではお客さんが普通にいるときには千駄ヶ谷駅で降りていたのですか。

○上杉　いえ、そのときはバスが千駄ヶ谷の駅に行って、原宿まで折り返すときに家の前で降ろしてもらいます。

○寺島　徳川家は特別よね（一同笑）。

3　たのしい学校行事

修辞会・欧語会・音楽会

女子学習院では、授業のほかにもさまざまな行事が行われていた。文化祭にあたる行事は種類が多く、それぞれ修辞会・欧語会・音楽会と名づけられていた。修辞会は、明治二十年、高等中学科生徒の対話、応答の訓練をなすためにはじめられた学習発表会的な行事で、修辞とは修身・修学・修業という意味であったという。四人の在学当時は、おおよそ年二回開催され、学生からは唱歌・朗読・各科目の講話や対話などが披露され、このほか知名の士の講演が行われた。欧語会は、外国語教育に力を入れていた女子学習院ならではの会で、後期および高等科の学生により英語・フランス語の朗読、劇などのほか、学級の代表により作文朗読、暗誦が行われた。音楽会は独立した会あるいは修辞会の一部として行われ、合唱やピアノ演奏などが披露された。いずれも日頃の学業の成果を発表する場として、授業の延長のような形で考えられており、娯楽的要素は少なかったとされる。それでも寺島雅子が扮装して欧語会の英語劇に出たことを振り返ったように、学生時代の思い出深い行事であった。

――学校の行事で思い出深いものはございますか。

○寺島　修辞会と欧語会でしょうか。

○京極　修辞会では、英語劇とか、作文朗読をしました。いわゆる学芸会です。私は、作文くらいしか読みませんでしたが。
○勝田　雅子さんと英語の劇に出ましたね。
○寺島　あれは修辞会ではなく欧語会よ。あれは変装して出たからおもしろかったわね。修辞会は、普通の格好で、ただ本を読み上げるのです。欧語会では、授業で英語やフランス語を習っていましたから、それぞれの外国語でやるわけです。そのときは少し変装ができました。
○勝田　少しリボンをつけるくらいね。
○京極　主役もあれば端役もあるわけで、木の葉なんてちょっと葉っぱをつけていましたね。
○上杉　音楽の発表をする音楽会がありました。姉がピアノを弾きましたし、私たちはコーラスをしました。
○京極　「ローレライ」とか「流浪の民」を歌いました。

体操会

体操会はいわゆる運動会で、体育を徳育・知育とならべて尊重した細川潤次郎華族女学校長のときに運動会としてはじめられた。その後、明治四十二年より一時廃止されていたが、大正六年に体操会として復活、大正十三年からは全生徒により行われるようになった。競技種目は、体操や徒競走、巴合戦、ダンス、混合リレーなどであった。体操会は春秋の二季に行われ、大正十五年からは春季は徒

体　操　会

競走のみ、秋季は各種運動競技を行うこととなった。談話のなかで韋駄天《いだてん》ぶりを称えられた尾崎雪《おざきゆき》香《か》とは、政治家尾崎行雄《おざきゆきお》の娘で、難民を助ける会の設立などの活動で知られる相馬《そうま》雪香のことである。彼女と森綾子《もりあやこ》（初代文部大臣森有礼《もりありのり》の孫）の体操会での活躍ぶりは、四人と同世代の朝吹登水子《あさぶきとみこ》も『私の東京物語』のなかで、二人が「六百米を完走なさった姿は忘れられない」と記しており、その奮闘は多くの学生に鮮烈な印象を残したようである。

○寺島　秋に体操会をやりました。五十メートルや百メートル走の選手に選ばれて、走るのです。ほかにも二百メートル、それから六百メートル走もありました。尾崎雪香さんは速かったわね。

○京極　雪香さんはとても速くてね。もうすばらしかったです。

○勝田　京極さんより半級上の森綾子さんも、速かったでしょう。
――体操会のスターがいたのですね。
○京極　体操会のスターとそうでないのがいるのです。寺島さんはスターです（笑）。大玉転がしがあったでしょう。恐かったわ、私は巻き込まれそうでできなくて。引っかかりそうで恐くていやでした。
○寺島　こちらはもう、おしとやかでダメなのです。

多彩な学外行事

女子学習院では、遠足や社会科見学など多彩な学外行事も数多く行っていた。春の浜離宮、秋の新宿御苑への遠足は、皇室とのゆかりの深い同校ならではの行事であった。東京にありながら自然の残る別天地である離宮拝観は生徒たちにとても楽しみにされていた。各種見学もまた熱心に行われており、展覧会、学校、官庁、工場のほか、千葉県寒川《さむかわ》海岸の潮干狩り、筑波山、群馬県太田金山《おおたかなやま》など関東各地へ出かけた。これら行事には在学中の皇族の参加もあり、そういうときには特別列車が仕立てられ、駅長をはじめ関係者の奉迎や、沿道での歓迎を受けた。
○寺島　遠足は、春と秋にお浜離宮と新宿御苑に行きましたね。
○京極　楽しかったですね。
○勝田　遠足は春がお浜離宮で、秋が新宿御苑と決まっていたのです。

○寺島　「田舎《いなか》」とかいうのがありましたね。
○京極　お浜離宮内のとある場所に、扉を開けると田舎と称するところがありました。そこはただの田舎の土手みたいな原っぱで、ノビルとかゼンマイとか、ワラビとかツクシとかが生えているのです。
○勝田　みんなで摘み草とりをしましたね。
○京極　ノビルは今のニラみたいな草で、小さい玉ねぎのような球根があります。そういうのを採って家に帰ってお酢の物にすると、家族が「典子が採って来たのだから美味しい」なんて言ってくれましてね（笑）。楽しかったわ。
——毎年、浜離宮と新宿御苑に行くのですか。
○京極　私の「おんぶ問題」はちがうときですよ。それはもう少し大きくなって、川越にお芋堀りに行ったときのことです。お芋が重くて、持つのがいやでいやで（笑）。
○寺島　なんだ、私、新宿御苑のときかと思ったわ（笑）。

修学旅行

女子学習院では昭和三年より本科において、昭和九年からは高等科でも修学旅行が実施されるようになった。旅行については大正時代から検討されていたが、実施のきっかけが昭和三年十一月、京都で行われた昭和天皇の即位礼関係地の拝観許可というのは、いかにも女子学習院らしい。修学旅行は、

修学旅行（平安神宮にて，前から４列目の右から６人目が京極典子）

伊勢、奈良、京都など関西方面にほぼ一週間、高等科は、九州または東北・北海道方面をまわった。少女たちが親元をはなれて長いあいだ旅をしてまわるのであるから、彼女たちの思い出のなかでも、とくに楽しいものとして強い印象を残している。

○京極　修学旅行は卒業のときに行きました。これは楽しかったですね。

○勝田　私たちは、関西に行きましたね。

○寺島　私は、姉の結婚式で行けなかったのです。我々のクラスはあまり行かなかったのですよ。

○勝田　こちら様は、いらっしゃらなかったわね。

○京極　私のクラスに、やはりお父様が「そんなところへ行くんじゃない。うちで連れて行く」とおっしゃって、いらっしゃらなかった方もありましたよ。

○寺島　私も「行きたい、行きたい」と言ったのですけども、十一月二十五日が姉の結婚式でしたから、「どっちにするか」と言われましてね。結婚式には行かなくてはいけないので、修学旅行は残念だけど休みました。

○勝田　京都と奈良に参りました。奈良は猿沢池の宿屋で、京都は鴨川のあたりの宿屋でした。

○京極　三条小橋のたもと釘抜屋という宿よ。とても楽しかったです。一生のうちで忘れられない思い出です。

○寺島　いいわねえ。

○京極　枕投げをやってね。普段大まじめな先生が、夜廊下でお会いしたら、お縕袍《どてら》を召しちゃってね（笑）。驚いて、ワーっと皆で騒いだけど、考えたら当たり前の話よね（笑）。卒業する年にはじめて一回行きました。

――その頃だと、汽車で関西に行くのも結構時間がかかりますね。

○京極　かかるほど良いと思ってました。もっと長く乗っていたいと思ってました。ピューッと着いちゃうのが惜しかったです。

○勝田　京都までは大体十時間くらいね。

――それは特別な列車を仕立てて行くのですか。

○京極　どうなのでしょうね。でもその車両に他の人はいなかったのだから仕立てたのでしょうか。

○寺島　貸し切りなのね。

○京極　先生は「学習院の生徒は不行儀なことをしてはいけないから、塵《ちり》一つ残さず宿屋を出ること」「汽車も洗面所もきれいに使いなさい」とおっしゃっていました。そういうことは我々もきちんと守りましたね。

○勝田　私も受け持ちの先生が、私たちの降りたあとの車内が他の学校とくらべ、何にも残っていなくてとてもきれいだったとお話になりました。

○京極　私たちは受け持ちの先生からそれを聞かされて、「そうか次回はもっとやろう」という気持ちになりました。

○寺島　普段から新宿御苑やお浜離宮に行っても、学習院の生徒さんの後はきれいだったわよ。お当番が袋を持って行ってそれにゴミを全部入れていました。あとに何もゴミを落として行かなかったですから、学習院のあとはとってもきれいだって褒めてくれたのです。

○京極　水を飛ばしたらその周りは自分で拭いて、次の方に迷惑をかけない。そういうことはきちんとしていましたね。

○勝田　先生がよく「発つ鳥は跡を濁すな」とおっしゃってましたね。その言葉を私、今も実行しようと思ってますね。

○寺島　一人一人が気をつければ、何でもないことよね。今は大変ですけどね。

4　皇室とのゆかり

卒業式と皇后行啓

昭和初年の女子学習院では、新年（一月一日）、紀元節（二月十一日）、天長節（四月二十九日）、明治節（十一月三日）の四大節と、皇后陛下御誕辰日（三月六日）、卒業式、入学式、開校記念日（十一月十三日）などには儀式が行われた。

諸式のなかで、最も華やかだったのは卒業式である。卒業式には、皇后行啓や皇族妃のお成りがあった。同校にとって皇后行啓はきわめて重要で、皇后の都合に合わせて卒業式を翌学期の四月に行ったことすらあった。卒業式では皇后より高等科卒業生には蒔絵の硯箱と硯、本科卒業生には銀製の水差が記念品として下賜された。また教室では教課ごとに学生の作品を陳列し、皇后はこれらを巡覧した。

○京極　貞明皇后は、一年に一回、卒業式のときにいらっしゃいました。ご立派でお美しくしていらっしゃると思って見上げておりました。

○寺島　そう思ったわね。でも、こちらも子どもだったしね。

○京極　妃殿下や、女官さんたちのお洋服を拝見できるのが楽しみだったですね。おきれいでね。

でもお辞儀するときは下を向いていなくてはならず、拝見してはいけないのです。本当は顔を上げて拝見したいのだけど、叱られるのです。下を向きながら時々ちらっと見ていました（笑）。
○勝田　それから貞明皇后様がいらしたときのお式では虎屋《とらや》の御菓子をいただけたでしょう。
○京極　塩瀬《しおせ》もあります。
○寺島　虎屋のときは羊羹《ようかん》と練切《ねりきり》、お饅頭《まんじゅう》が大きな木の箱に入っていました。式に出れば、かならずいただけました。
○京極　ご姉妹が大勢さんのところは、三つも四つもお頂きになりました。私のところは一人だから、それをみんなで有り難くいただきましたね。

皇族の同級生

――同級生に皇族の方はいらっしゃいましたか。
○京極　私のクラスには、三條光子《さんじょうみつこ》さんという宮様〔竹田宮恒徳王妃《たけだのみやつねよしおうひ》〕になられた方がいらっしゃいました。妃殿下におなりになるということですから、同級の者は、今までのように「ああね、こうね」とは申し上げられないでしょう。どういうふうにお話したらいいのか、ちょっととまどいましたね。御殿に伺ったときには「そうでございますね」というふうにお話しておりましたね。戦争の後で臣籍にお降りになりましてからは、また気楽になりましたけど、今でもやはり光君様《みつぎみさま》と申し上げております。宮様におなりになったらもう別の御人格と思って、同級生でも丁寧にお話しておりましたね。ご自分のお嬢様がお嫁にいらしても、丁寧におっしゃるくらいですからね。

光君様も宮様にお上がりになるとお決まりになった頃から、ちょっとご様子がちがいましたね。御付《おつき》に男の人が増えたりしました。今まではお女中がお供をしていたのが、お帰りになるときには、男の人がお付きしておられました。お扱いがちょっとちがっていましたね。

――女性は結婚によって大きく変わるのですね。

○寺島　変わりますね。

○京極　宮様にいらっしゃらないかぎりは、どんな実業家にいらっしゃろうと、子爵家が侯爵家にいらっしゃろうと、そういうことでは何にも変わらなかったですね。皇族にお上がりになるとご様子はちがいました。

――他の方はいかがでしょう。同級生に皇族の方はいらっしゃいましたか。

○寺島　私のクラスにはいらっしゃいませんでしたが、姉のクラスには宮様がお三方いらしたのよ。竹田様〔礼子《あや》女王《こじょうおう》　竹田宮《たけだのみや》恒久王《つねひさおう》第一女子〕と北白川様〔佐和子《さわ》女王《こじょうおう》　北白川宮《きたしらかわのみや》成久王《なるひさおう》第二女子〕と、それから李王家の李徳恵《りとくけい》様。講堂で御式があるときは、前の方の椅子に宮様だけがお出でになるのです。菊の御紋がついた椅子で、大、中、小とサイズがありました。

○勝田　朝鮮貴族の朴泳孝《ぼくえいこう》侯爵のお嬢様が私たちのクラスに後から入ってこられて、李鍝公《りぐうこう》の妃殿下におなりになりました。

○京極　私のクラスは澄宮《すみのみや》様とおっしゃった三笠宮《みかさのみや》様〔崇仁《たかひと》親王　大正天皇第四皇男子〕が幼稚園で

ご一緒だったのです。宮様は、毎日は幼稚園にいらっしゃいませんでしたけど、どういうときだか時々いらっしゃってお遊戯をしたり、手を繋いでスキップしたり、ごく子どもらしいお遊戯をいたしました。それから、えんどう豆と竹串で旗を作るのです。白い紙があって、それに日の丸を自分で赤く書いて組み合わせて、えんどう豆で自分で留めてできあがりです。そんな手工を宮様がいらしたときにご一緒にいたしましたよ。そのときも皆一線を画して丁寧にいたしまして、先生は宮様に「ごきげんよう」とおっしゃいます。あんまり親しくお話するようなことはありませんでした。一度御殿にお招きをいただいて、貞明皇后様から「皆よく来たね」という御言葉をいただいて、御菓子を頂戴して帰ったことがございました。

Ⅲ 思い出の風景

1　避暑地の夏休み

海辺の思い出

四人の少女時代の思い出のなかで夏休みは日常とはまったく様相を変える。彼女たちが少女時代をすごした一九二〇〜三〇年代、上流層では夏の避暑、冬の避寒が広く行われており、彼女たちが夏をすごした地域はいずれも当時の代表的な保養地であった。上杉敏子《うえすぎとしこ》の逗子の徳川家別荘は、桜山の中腹、相模湾を望む地にあり、現在は逗子市郷土資料館となっている。敷地内には母屋と敏子の兄家英《いえひで》のために建てられた別棟が現存している。かつて二つの建物は渡り廊下でつながっており、その痕跡が母屋の廊下の継ぎ目に残されている。寺島雅子《てらしままさこ》の細川家別荘は葉山の森戸海岸にあった。勝田美智子《しょうだみちこ》の原田家別荘は、のちに高麗山の麓に移ったが、もとは大磯駅の近くにあったという。

彼女たちは別荘滞在中、いずれも海水浴にはげんでいる。男子の学習院では水泳は古式泳法のひとつである小堀式泳法や遠泳が行われたが、彼女たちは授業として水泳は習っていない。ただ敏子や雅子の語る多少スパルタ的な練習をみると、父の学習院での体験が間接的に影響しているものと思われる。雅子の談話に登場する照宮《てるのみや》とは昭和《しょうわ》天皇《てんのう》第一皇女子成子内親王《しげこないしんのう》で、雅子の妹泰子《やすこ》とは女子学習院の同級であった。泰子は何人かの級友とともに毎年七月下旬から八月上旬まで葉山御用邸ですごす照

徳川公爵逗子別荘（正面が敏子たち三姉妹の部屋．左端の格子窓のある部屋が家達の居室で，家英の別棟は裏手にある．現・逗子市郷土資料館）

宮の御相手をつとめていた。

○上杉　私のところは逗子桜山に祖父徳川家達《とくがわいえさと》の別荘があり、母正子《なおこ》と父家正《いえまさ》が休暇で日本に帰っているとき以外は兄弟全員で行きました。ただ祖父母は途中から東照宮のお参りの関係で日光の別荘へ行きました。

逗子にはずっと小さいときから毎年夏に行きましたが、祖母が「しばらくは東京の暑さも我慢しなくてはいけない」という主義でしたので、七月のうちは東京におりました。ほかの方たちは学校がお休みになりますと、すぐに軽井沢とかへ行かれましたが、うちは八月にならないと別荘には行けませんでした。別荘は山の上の方にあって海まではちょっと遠かったのですが、海まで歩いて行って、午後から夕方まで毎日泳いでいました。

——いきなりボートから突き落とされ、無理やり泳ぎを覚えさせられるという話を聞いたことがあります。

○上杉　学習院の水泳部ではそういうことがあったと父が言っておりました。昔は水泳は武術の一つで、学習院でも水泳を奨励しておられたようでした。うちでは父が一所懸命水泳を教えてくれました。突き落とされはしなかったけど、ほかの子どもたちがゴムの浮き輪で泳いでいても、絶対浮き輪は買ってもらえませんでした。「浮き輪をしたら、いつまでも泳げないのだ」と言われました。腰のところに帯を締めて、その一方を持って泳ぎを教えてくれて……、いつの間にか帯がはなされているのです（笑）。学校では水泳をまったくしませんでしたね。

○寺島　女子学習院でもずっとあとには沼津に行かされていましたね。私の九つ下の妹泰子は女子学習院では照宮様のクラスでしたから、葉山に行って泳いでいました。うちでは兄は書生たちと泳いでいたようですけど、私どもは姉妹と父で、葉山で毎日泳がされました。葉山の別荘は森戸にありました。入江になって、とても静かなところで、石垣のすぐ先が浜なので、そのまま水着で海に出られました。海ではボートから落とされまして、それから飛び込むのが好きになりました。葉山の海には毎年、慶應義塾の櫓《やぐら》が立っていたのです。空いているときには、私はそこに上っては飛び込んで遊んでいたのです。三メートルぐらいの所から飛ぶのがとてもよかったですね。高いところから飛ぶときは、腕を交差して両手の親指を組んで飛ぶのですよ。そうしないと手がはなれて肩がいかれるのです。私はお転婆ですからね。ただ泳ぐのはつまらなくて飛び込みばかりやっていましたね。

大磯の海水浴

大磯は日本における海水浴発祥の地として知られる。さきの逗子や葉山もそうであるが、湘南地域の別荘地は避暑・避寒を目的に、海水浴と大気療法を行う場所として形成された。初期の海水浴は健康療法としての性格が強く、大磯は打ち寄せる波と小石の浜が海水浴に絶好の地とされた。その後、関東大震災による土地の隆起や、宅地化の進行などとともに、かつての雰囲気は失われていったが、美智子の語る夏の思い出は往事の風景を伝えてくれる。

大磯駅での原田一家（大正10年頃）

○勝田　私のところは大磯に別荘がございました。大磯は波が荒くて。寺島さんみたいに本式ではないのですけど、私も飛び込むのが

大磯の海水浴場（昭和戦前）

好きだったのです（笑）。頭から飛び込むのができないので、櫓の上からチャップリンみたいに足からズボンと入っていたのです。大磯にはお茶屋がずーっと何軒も並んでおりました。大磯にはわりに有名な方たちがいらっしゃっていて、その方たちのお茶屋が「伊豆竹」とか「長五郎」とか、それぞれ決まっておりました。今でも学習院の方たちと「あなたのお茶屋は伊豆竹だったわね」とか話がでるのよ。それで、そのお茶屋に漁師がおりまして、まだ若いのにかわいそうに私たちは「爺や、爺や」と言っておりました（笑）。小さいときは爺やによく連れていってもらって泳ぎました。海からあがると爺やのおかみさんがお茶屋の裏でしっかり水を浴びせてくれまして、それからきちっと拭いてくれて、お砂糖の入った温かい麦湯を出してくれます。

――大磯の海水浴場の歴史を調べると、いろいろと海での面倒をみてくれる地元の漁師が出てきますが、今お話に出た爺やがそれですか。

○勝田　そうなのです。海では各家でテントを張っていました。今のような傘型のテントではなくて、どこで作らせたのかは知りませんが、テントの隅に「原田」と名前が書いてありました。私たちが海水浴に行くと、爺やがそのテントを出してくれるのです。私たちが子どもの頃は、別荘は大磯駅のすぐそばにあり、その後、父は高麗山の麓に家をつくりました。二、三年前に懐かしいので見に行ったのですよ。そうしたら、すっかりなくなっていました。別荘の敷地は全部小さく分譲されて、小さい家がその跡にいっぱい建っておりました。

山や高原での避暑

京極家の別荘は以前には金沢文庫にあったが、典子《のりこ》が物心ついた頃にはなかったという。金沢文庫もまた明治期に多く形成された海浜別荘地のひとつであった。典子は夏休みには箱根や榛名山にでかけたが、これはあきらかに大気療法のためであった。高原別荘地は最初は高温多湿な日本の夏をきらう外国人を中心にひらかれたが、明治後半より日本人も多く出かけるようになった。高原の澄んだ空気のなか林間を散歩することは健康増進のためにとてもよいとされており、箱根や榛名山はもちろん、信州各地や関西の六甲山などが代表的な保養地であった。

○京極　私は、言いたくないのでございますけど、今でも泳げないのです。子どものときはすごく弱い子で、ドクターストップでした。「海岸に行って陽に当たることはいけない。どこかに行くのなら山の方に行け」ということでした。姉が夭折したものですから「今度の子は生きてもらわなくては」「勉強もしないでいい。ただ死ななければよい」というふうに育てられました。別荘は小さいときには金沢文庫にあったのですが処分いたしまして、物心つく頃にはありませんでした。たしか箱根の環翠楼という旅館に行ったり、榛名山へ行ってみたりしておりました。太陽に直接当らず、もやしみたいに（笑）。夏休みに郷里《くに》の丹後峰山に帰ったことがありますが、峰山は海が近く天橋立もすぐなのですけど、海には行かされませんでした。夏休みが終わって学校に行くときは寂しい気持ちで参りましたね。

○上杉　昭和十一年に兄家英が亡くなりましてから、父が、逗子はあまりに兄の思い出が多すぎるというので、逗子の別荘をやめてしまいました。それから私が十九歳から結婚するまでは、河口湖の富士ビューホテルへいつも夏のあいだ行っていました。山へ登ることはあまりしませんでしたが、もっと前の十二、三歳かもう少し大きい頃、祖母に「富士山は一度登るべきだ」と言われて、妹と私と家庭教師と女中と書生四、五人で富士登山に行かされたことがあります。

――富士山は特別な存在ということなのでしょうか。

○上杉　はい。どうしてもということでした。

○京極　私も「富士山は霊山だから一度登ったほうがよいのだけど、おまえには無理だねえ」と言われたことあります。何でもダメなのです（笑）。

○寺島　私は富士山には登りませんでしたが、軽井沢から浅間山や妙義山には登りましたね。近衛元総理のご長女の昭子《あきこ》さんが、私の同級生で軽井沢にいらしたのです。それでご一緒に参りました。
○勝田　私も富士山には登りませんでした。母は登りましたけれど、私はまだ小さくて登れなかったのです。でも浅間山には登りました。

軽井沢

軽井沢は日本を代表する保養地であるが、この地に日本人の別荘が目立つようになったのは明治後半からである。寺島雅子の父細川護立《ほそかわもりたつ》は大正四年、徳川慶久《とくがわよしひさ》とともに野沢組より土地を購入した。野沢組は矢ヶ崎から離山にいたる旧川田農場をはじめとする土地約二百万坪を分譲した。このとき分譲を受けたなかには細川・徳川のほかに大隈重信《おおくましげのぶ》・後藤新平《ごとうしんぺい》・加藤高明《かとうたかあき》らがいる。野沢組はあめりか屋とタイアップして別荘建築を行ったり、駒沢、箱根仙石原についで関東では三番目のゴルフ場（現・旧軽井沢ゴルフクラブ）を開設するなど軽井沢やその後の別荘地形成に大きな影響を与えた。あめりか屋の建設になる細川家の洋館別荘が完成したのは大正五年である。雅子が父護立を軽井沢の開発者といったのは、こうした別荘地の造形に深く寄与していることをさしているのであろう。談話中の登場人物を紹介すると、徳川慶久は最後の将軍慶喜《よしのぶ》の嗣子で公爵、二女喜久子《きくこ》はのちの高松宮宣仁親王妃《たかまつのみやのぶひとしんのうひ》である。西尾忠方《にしおただみち》は旧花房藩主の子爵で、馬政調査会委員、軍用保護馬鍛練中央会副会頭、日本競馬会評議員などをつとめた。西尾は旧大洲藩主加藤家の出身で、美智子の祖母吉川寿賀子《きっかわすがこ》の実弟にあたる。第Ⅱ章でも触れた朝吹登水子《あさぶきとみこ》は軽井沢に関する数多くの随筆を残している。登水子の父朝吹常吉《あさぶきつねきち》は実

細川侯爵軽井沢別荘

業家で、日本庭球協会初代会長をつとめており、文字どおりテニス一家であった。細川家のテニスコートをおとずれる清宮《すがのみや》とは昭和天皇第五皇女子貴子内親王《たかこないしんのう》のことである。清宮にテニスを教えた黒井悌子《くろいていこ》は大正十三年の第一回全日本テニス選手権大会女子シングルス優勝者で、安宅登美子《あたかとみこ》・羽山住江《はやますみえ》も当時の名選手であった。

○寺島　軽井沢ではずいぶん楽しくすごしました。うちの父細川護立は軽井沢の開発者なのです。大正四年に、土地分譲業者の野沢組から何ヘクタールという広さの土地を買いました。野沢組は大きい区画でないと土地を譲ってくれなかったのです。今の旧軽井沢ゴルフ場の隣に、徳川慶久さんと二人で、「おまえはこっちがよいか、そっちがよいか」と土地を分けて、あめりか屋に家を建てさせました。ですからはじめのうちは境界線もなにも無かったのです。ですから隣の徳川別邸にしょっちゅう遊びに行きました。子どもの頃、高松宮様の喜久子妃殿下と行ったり来たりして、鬼ごっこやかくれんぼをして遊びましたよ。

——東京では家が遠い人とでも、日々会えるわけですね。

○寺島　そうなのですよ。どこへ行くにも自転車に乗ったり、馬に乗ったりしました。貸し馬がたくさんいて、とてもかわいい馬がいるからそれを頼んでおくと、ほぼ毎日馬を持ってきてくれました。父の友だちに西尾忠方という騎兵関係の方がいらしたので、その方に本式の乗馬法を教わりました。騎兵関係の方でしたから恐かったですよ。こっちの脚から前に出るとか、そういうことまで教わったのです。馬は何もわからない人が乗るとすぐに自分の厩へ連れて行ってしまうのです。きちっと膝で馬の腹を締めると、この人はうまく乗れると思い、おとなしくしているのです。

○勝田　西尾さんは私の祖母の弟です。私のうちは軽井沢では貸別荘を借りておりました。私が結婚しましてから後に、原田の父が軽井沢に別荘を持ちました。私は馬が全然ダメなのです。乗ると馬鹿にされちゃうの。こんなふうに首を伸ばして、下を向いてしまうのです。私はできないということを馬は知っているのですよ。ですから私はほとんど自転車で遊んでおりました。

——西尾さんに教えていただくことはなかったのですか。

○勝田　おじ様とお呼びしてよく知っていたのですけれども、馬までは教わりませんでした。弟

軽井沢会テニスコート

はよく乗っておりました。私は毎日テニスをしておりました。

――朝吹登水子さんが、軽井沢のテニスについていろいろ書かれていますね。

○勝田　朝吹さんの家には軽井沢で伺いました。その頃「軽トー」〔軽井沢国際テニストーナメント〕というのかしら、今の天皇・皇后様の遊ばした軽井沢会コートのメンバーだったものですから、大体はそこでテニスをしておりました。細川家のテニスコートに伺ったこともあります。

○寺島　実家《さと》では軽井沢にもテニスコートを持っていたのです。そこはとても良いコートだったのですよ。それでお清《すた》ちゃん、清宮様が「街のコートではあまり人目につくし、まだはじめたばかりで恥ずかしいから、細川さんのコートで習いたい」とおっしゃってお見えになったのです。そのときは黒井悌子さんや、安宅登美子さん、羽山住江さんが先生でいらっしゃいました。その方たちもしょっちゅう「細川さんのコートを貸してくれ」とおっしゃって、ご一緒にしました。細川のテニスコートには今の天皇様も戦前には時々いらっしゃいました。「コートをお踏みになってみてください」と申し上げましたら、天皇様は「これはいいコートだ。僕も来たい」とおっしゃって、それからもしばしばお見えになりました。父がたいへん光栄がって中央のネットも全部新しいのに張り替えたりして、きれいになりました。そのときは「みんなでお出迎えをしなさい」と言われてたいへんだったのです。その頃、私には小さい子どもが三人おりましたから、「子どもが出迎えたら、その辺をうろちょろして目触りだから、街へでも連れて行きなさい」と言われて、また「何時にお還りになるから、その時はまたお見送りをしなさい」というので忙しかったのです（笑）。でもこのあいだお清ちゃん、清宮様にお目にかかりましたら、「あのテニスコートではさんざんお世話になりました」とおっしゃってくださったのですよ。とても嬉しゅうございました。

――軽井沢だと皇族の方も含めて少し気楽で密接した感じのお付き合いになるのでしょうか。

○寺島　それは確かにそうですね。清宮様は「車で行くのは面倒くさい」とおっしゃって、ご自分だけ自転車でいらっしゃるのね。そうすると御供だけが立派な車に乗ってくるの（笑）。とても笑いました。いつもそうなのですよ。ただ、父が「街のコートには行ってはいけない」と言うものですから、勝田さんとテニスをご一緒にしたことはなかったのです。

○勝田　娘のときはそうだったわね。今は寺島さんと、しょっちゅう軽井沢で行ったり来たりね。

開放的な別荘の生活

普段は厳しく躾けられていた彼女たちも、さすがに避暑地の夏休みでは兄弟や友人たちといつも以上に打ち解けて、楽しくすごした。徳川家の逗子別荘の場合、海岸にはボートが繋留してあり、兄家英のモーターボート操縦や恋物語は、上杉敏子の姉豊子《とよこ》の『春は昔』、妹順子《ゆきこ》の『花葵』でも印象深い思い出として登場する。葉山では昭和天皇と香淳皇后《こうじゅんこうごう》もボートに乗ることがあり、湘南地域では華族の子弟や慶應義塾の学生らがヨットをさかんに行っていた。当時はまさにマリンスポーツが上流層を中心にはなひらこうとする時期であった。湘南でのヨットについては、大村泰敏《おおむらやすとし》〔子爵〕の回想『ヨットの思い出』に詳しく、同氏には華族史料研究会も五回にわたって談話聴取を行い、『大村泰敏氏談話聴取記録』（私家版）としてまとめたことがある。「太陽族」という言葉が生まれたのが昭和三十年代であることからすれば、彼らは時代のはるか先を行く存在であった。

――夏休みに軽井沢や葉山に出掛けた折には、現地で友人やその兄弟とも会われたと思います。異性の人たちと一緒に遊ぶことはありましたか。

○上杉　祖母が厳しい人でしたけれど、途中で日光へ行ってしまうものですから、逗子では非常に開放的になってずいぶん遊びました。森戸に学習院の方が兄弟や家族でたくさんいらっしゃっていました。兄がモーターボートを持っていたものですから、逗子から葉山の森戸まで乗せて行ってもらっては、ずいぶん遊びました。

――モーターボートで出かけるのですか。ちょっと下世話ですけど、そうしたときには「○○さんのお兄さんは素敵ね」などと話題になったりすることもあったのですか。

○上杉　もちろんそういうこともございましたね（笑）。

○寺島　山本権兵衛《やまもとごんのひょうえ》総理のお孫さんで、きれいな四人のお姉妹がいらしたわね。お姉妹が、葉山の海岸を歩いていらっしゃるのだけど、きれいでとても目立っていましたね。

○勝田　大磯で学習院の方々は友だちの弟さんたちもいらっしゃってグループで遊んでおりました。母は友だちのお母様をみな存じ上げていますから、母同士でお話ししていました。それで夜になると度胸試しをやるの（笑）。

――夏休みに勉強はどうでしたか。

○京極　宿題はいたしますけどね。私だけかも知れないけれど、あまり勉強のことが頭になかったです。宿題帳はありましたし、日記も書きました。やらなくてはいけないと言われたことはしました。早くやっちゃって、あとは遊ぼう（笑）、ということです。伸び伸びが過ぎるくらいでしたね。

○上杉　姉はなかなか勉強できる方でしたけど、私はダメなものですから、家庭教師をつけられましたよ（笑）。

2 はなひらくスポーツ文化

女子学習院の庭球会

テニス・ゴルフやスキー・スケートなどは、大衆的な文化とは一線を画した上流階級の文化としての気品を有する英国スポーツとされ、彼女たちもこうしたスポーツに取り組んだ経験をもつ。なかでもテニスは「とくにスカートを着用する女性のテニスは、女らしさという規範ともうまく合致しており、皇太子妃良子《ながこ》を出した久邇宮家が女子テニスの後援者として登場したことも、このことと無縁ではあるまい」とされた（坂上康博『スポーツと政治』）。女子学習院で運動が重視されていたことは第Ⅱ章でみたとおりだが、テニスは課外運動として奨励されており、校庭の三ヵ所にコートが設けられていた。生徒たちのテニス熱に応えるかたちで学校側でも練習の時間割を定め、監督指導教官をおいたという。四人のうちでは勝田美智子の活躍がもっとも華々しい。彼女は昭和十一年の全日本テニス選手権大会女子ダブルスでの優勝を頂点に輝かしい戦歴をのこしている。美智子とテニスの関わりは邸内にテニスコートを有するほどのテニス一家であった母の実家吉川家の影響が大きい。美智子は世界ランキング七位にもなったテニスプレイヤー原田武一《はらだぶいち》の弟で名テニス選手の原田直二《はらだなおじ》の手ほどきを受け、吉川家や女子学習院、軽井沢などのコートでテニスにあけくれたという。美智子が一緒にテニスをした熊《くま》谷一弥《がいいちや》はアントワープ五輪銀メダル、全米テニス選手権四強などの実績をもつ世界的名選手である。松平康昌《まつだいらやすまさ》は旧福井藩主家で侯爵、宮内省における昭和天皇の側近、宮中グループのメンバーとして知られるが、テニス界でも名を馳せていた。ちなみに松平康昌夫人綾子《あやこ》は徳川家達の二女で、上杉敏子の叔母にあたる。近藤多満子《こんどうたまこ》は実業家で男爵の近藤廉平《こんどうれんぺい》の孫であった。

○勝田　原田武一という有名な選手の弟で、慶應の庭球部のキャプテンをしていた原田直二という方がいました。その方は同郷の岡山出身でしたので、父が「美智子たちにテニスを教えてくれよ」と頼んだのです。原田さんは庭球部の方を二、三人連れていらっしゃいました。ニコライ堂の北側、井上眼科の隣に祖母寿賀子の家がございまして、関東大震災の後そこにテニスコートを二面作り、吉川の祖母の親類たちと「メープルヒル倶楽部」と名前をつけまして、毎月会費を納めて、私たちみんなで利用しておりました。叔父の吉川重国《きっかわしげくに》や叔母綾子《あやこ》、それに父もテニスをやりました。父は東久邇宮《ひがしくにのみや》様をよくお連れしていました。そこへ原田直二さんをはじめ選手に教えに来ていただきました。

○寺島　女子学習院にはテニス会があり、普通の人たちは午前の部で、選手は午後の部でやっていました。私は一応午後の部に出していただいたのですよ。相手とやって勝てば先生のチームと試合するわけです。先生も全部負かしました。だって家にコートがあって、いつもやっていたのですもの。当時、女子学習院には硬球のコートが三面ぐらいで、あとは軟球のコートで八面くらいあったのです。学校では軟球だったので特別のことをしては悪いと思って私は軟球ではじめた

田園インビテーション・トーナメント決勝記念写真（昭和10年11月１日，OBミックスダブルスで優勝．左より熊谷一弥・原田〈勝田〉美智子・近藤多満子・松平康昌）

のです。勝田さんはお利口なんです。はじめから硬球をなさったの。

○勝田　小学校五年、学習院では中期一年のときにはじめて原田直二さんから硬球用のラケットをいただき、それからはじめたのでございます。

テニスの大会で優勝する

○大久保　勝田様はウィンブルドンにもフリーパスでお入りになれるのです。

○勝田　いえ（笑）、たまたま六月に主人の仕事の都合でロンドンに参りましたのよ。「ウィンブルドンを見てきたら」と言われて、行ったのです。まだ試合ははじまってなかったのですけれど、せめて場所だけでも見たいと思いましたら、一緒にいた人が入口にいた守衛みたいな人に「この方は日本のチャンピオンなのですけど、ウィンブルドンの中を見せていただけませんか」と言ったら、すぐに通してしてくれたのです（笑）。
――チャンピオンに対する敬意なのですね。
○勝田　いえ、全日本で勝ったのは一回だけです。たまたま人数が少なかったから。
――勝田様は熊谷一弥さんと一緒に試合をされたことがあるそうですね。
○勝田　私はミックスダブルスで対戦したことがございます。昭和十年に田園調布コートで行われた大会のミックスダブルスで松平康昌様と私が組んで、決勝で熊谷さんと近藤タマちゃん〔多満子〕という方にあたり、こちらが勝っちゃったんです（笑）。康昌様が喜んでくださいましてね。

優勝カップ（カップにはDEN-EEN INVITATION TOURNAMENT 1935 MIXED DOUBLES WON BY MISS.M.HARADA　MARQUIS.Y.MATSUDAIRAと刻まれている）

そのときの優勝カップを今でも持っておりますよ。父がうるさくて戦時中の金属供出で金属はほとんどお国のために出してしまったので、残っているのはこれ一つだけです。そのときにはドイツのホルンという女の選手が来て、私は一緒に組んで試合をしました。

私は結婚後は主人とよくゴルフをいたしました。ゴルフは軽井沢でしただけでしたのでそんなに上手じゃないのでございます。主人がテニス嫌いで「テニスはするな」と言われたのです。

――テニスで日本一になった奥様に対してそんなことを言うのですか。

○勝田　一回、アメリカでお世辞にやってくれたのですよ。プロとうちの主人が組んで、私の方は神戸商大を出た方と組んでやったら、向こうが負けちゃったのです。プロと組んで負けたもので、それ以来「絶対するな」ということになったのです。昔の男の人は奥さんに負けることは全体にダメね。

スキー・スケート

ウィンタースポーツでは、上杉敏子の兄徳川家英のスケートでの活躍が目をひく。家英は父家正のカナダ公使時代に現地でフィギュアスケートを習い、学習院でスケート部の前身となる銀桜会を立ち上げたという。会員には家英のほか男爵黒田長義《くろだながよし》・長谷川次男《はせがわつぎお》らがいた。戦前の東京には赤坂の山王ホテルや新宿伊勢丹百貨店の地下や芝浦にスケート場が開設されていた。談話に登場する東郷球子《とうごうたまこ》は男爵東郷安《とうごうやすし》の長女で、雅子や美智子とは女子学習院の同級であった。東郷は第七回フィギュア全日本選手権大会女子シングルに優勝するなど戦前を代表する女子フィギュアスケート選手であった。ブルガーとは一九二八年のサンモリッツ、一九三二年のレークプラシッド両冬季五輪で連続して銀メダルを獲得したオーストリアの女性フィギュアスケート選手フリーツィ・ブルガーである。彼女はその後、真珠王御木本幸吉《みきもとこうきち》の孫で慶應義塾スケート部ＯＢの西川真吉《にしかわしんきち》の夫人となった。

美智子のスキーの回想は山スキー時代の様子を窺うものとなっている。談話に登場するアザラシとはアザラシの皮のことで、当時のスキーではアザラシ皮をスキー板の裏面に貼りつけて登坂時の滑り止めにしていた。美智子をスキーに引率したのは同級生の父西園寺八郎《さいおんじはちろう》や、白洲次郎《しらすじろう》・正子《まさこ》夫妻であった。西園寺は幕末の長州藩主公爵毛利元徳《もうりもとのり》の八男で元老西園寺公望《さいおんじきんもち》の養子となっていた。宮内省では式部次長・主馬頭をつとめ、昭和天皇の皇太子時代からの側近として、スポーツの手ほどきなどもしていた。なお白洲次郎に対する雅子の評は絶妙である。

○上杉　私の兄は父の任地のカナダへ行ったとき、向こうでスケートを教わってきました。フィギュアスケートのはじまりの頃で、私の兄が銀桜会をはじめたのです。その頃はスピンが中心で、まだジャンプをしていなかったわね。朝学校へ行く前にスケート部の講習がありましたので、私たちも兄に連れていかれました。学習院のスケート部の講習は山王ホテルのスケートリンクでありました。兄は山王や鶴見花月園スケート場に行っていたようです。

○寺島　東郷さんのタマちゃん〔東郷球子〕と佐々木さんが山王へ行っていらっしゃったでしょう。

○上杉　オーストリアのブルガーや、西川真吉さんがいらっしゃいました。アイスダンスは今ではペアを組んでやりますが、その頃はペアを組むのがめずらしい時期でした。

○勝田　お兄様はブルガーさんとペアをなさったの？

○上杉　そうです。カナダで新しいスケートの技術を教わってきたものですから、兄と姉がリーダー格でやっておりました。兄は大会に出て優勝しました。まだそういう技術が一般にありませんでしたから。
○京極　主人も今おっしゃった山王や花月園へスケートに行っておりました。主人は結婚してからも、学習院の仲間と行っておりましたね。私もリンクサイドぐらいまでは参りました（笑）。見ているのはとても気持ちよくて、大好きでございました。
――スキーのほうは皆さんいかがでしょうか。
○勝田　私はよく、菅平《すがだいら》の根子《ねこ》岳や志賀高原にスキーに参りました。一番はじめに行ったのが板谷峠という、郡山から登って行くところでした。西園寺公望さんの息子の八郎さん、とても恐い方でしたが、その方たちと行きました。西園寺さんのお嬢さんの美代子《みよこ》さんと私とが同い年で、父から西園寺様とご一緒だったら良いと言われて行ったのです。その頃はリフトはもちろん無かったのでアザラシを付けて登りました。まず登って、それから滑ってはまた登って……。磐梯《ばんだい》山《さん》の裏にも参りました。西園寺八郎さんはすごくスキーがお好きでした。中途で「疲れた」なんて言うと、「駄目だ、そんなこと言っては」と怒られるの（笑）。お味噌汁を残すと「日本人が味噌汁を残すなんてとんでもない」と怒られてね。何だか怒られるためにスキーをしたみたい（笑）。
白洲次郎さんとも一緒にスキーに行きました。志賀高原に白洲さんは小屋を持っていらしたので、ご夫婦に連れられて志賀高原にまいりました。

――白洲さんはどういう感じの方でしたか。
○寺島　とってもすてきな方よねえ！

○勝田　雅子さん、白洲さんのことになるとたいへんなのよ。
――とてもダンディな方だといわれていますが。
○京極　本当にダンディでいらしたようね。私が「白洲次郎さんを知らない」と言うと、寺島さんから「残念ね。あなたなぜご存じないの」とおっしゃられるけれど、私は奥様しか知らないのよ。
○寺島　奥様はよく知っていますけどね。あの方は文章ばかりだから。
○京極　奥様もすてきな方でしたね。私は同窓として誇りに思っているのよ。次郎さんはどんな方でいらしたの。
○寺島　あまりおしゃべりをなさらなかったけど、そこにいるだけでサッと雰囲気が変わるのよ。

3　少女たちを取りまく世界

仲良くなる友だち

――皆様、お友だちとはどのようにして仲良くなったのですか。

○寺島　学校の席の近い方じゃないかしら。

○勝田　背が低い人は、低い同士で仲良くなりましたね。ずっと同じ机にいますから、近くの方と付き合いましたね。

○京極　それから住んでいる場所ですね。私は渋谷に住んでおりましたでしょう。渋谷にお住まいの有馬良橘《ありまりょうきつ》海軍大将のお孫さんになる有馬澄子《ありますみこ》さんと帰りがご一緒になりました。そういうのは仲良くなりますね。

――公家・武家・勲功といった家風のちがいで友人関係が生まれることはないのですか。

○寺島　そんなことは関係ないわね。

○京極　私は武家だけど、お公家さんの仲良しはいっぱいいますよ。

○寺島　近衛さんはお公家さんの中で一番地位が高いけど、ちがいはなかったです。私ははじめ身長が小さかったのですよ。あるときに急に背が伸びてから、クラス中にお友だちができたようです（笑）。京極さんのようにはじめから大きい方は「あんな小さな方知らないわ」とおっしゃるの。

○京極　寺島さんは卒業間際に急に大きくおなりになったのね。

○寺島　そうなのね。二十人くらいの友だちをひと夏で追い越しちゃったの。だってうちはみんな大きいのですもの。背が伸びたのは、ほんとに後期の卒業の頃ですよ。それまでは小さかったから勝田さんとずっとご一緒でした。仲良くしていたから、家にお呼びしましたものね。

○勝田　前期のときに寺島さんの家にお呼ばれしました。まだ寺島さんがお小さかったときに（一同笑）。お雛様のときに、今、新江戸川公園になっているお家に伺いました。

細川邸の雛祭り

寺島雅子の少女時代、細川侯爵本邸は小石川区高田老松町（現・文京区目白台）にあった。もとは熊本藩の抱え屋敷で、広大な敷地は現在では和敬塾《わけいじゅく》、永青文庫《えいせいぶんこ》、新江戸川公園にわかれている。昭和十一年竣工の本邸は和敬塾本館として現存し、大名庭園の面影を伝える新江戸川公園には、雅子が竿舟の練習をしたという池もそのままに残っている。公園内にはまた細川侯爵家の学問所として使われた建物「松聲閣《しょうせいかく》」も現存している。雅子と勝田美智子の雛祭りをめぐる会話からは、大名時代からの流れをくむ祭りの様子が窺われる。

○寺島　前はあそこに住んでおりましたのね。あそこにちょっと池があるでしょう。あそこで竿舟が上手くなったのよ。

――お庭の池で竿さばきを練習したのですか。

○寺島　「竿は三年、櫓《ろ》は三月」というくらい難しく、やたらに突くと舟が回っちゃうんですよ。なるべく縁に沿ってスーっと押すとまっすぐ進みます。そういうことはしょっちゅうしていました。だって庭に池があるのですし、お転婆でしたから。

――「お転婆はいけません」と言われたことはないのですか。

○寺島　ないですね。兄はもう若様で、大事に教育係が付いていて恐かったのですよ。姉は「お姫様」「おひいさま」と言われていました。私は「男だと思っていたら女が生まれた」ってブーブーみなが怒って、雑に育てられたから何でもできました。

○勝田　お池はあるし、とにかく公園になるようなお家でしょう。だから私「こんな立派なお家みたことない」とびっくりしました（笑）。お雛様が三部屋ぐらいにずらっと飾ってあるのです。

○寺島　母と姉と私と妹と、四人のお雛様を並べていました。

○勝田　そこでお昼のお食事いただきました。こちらにはコックさんが居るから、コックさんの洋食でお昼をいただけたの（笑）。今でも忘れません。そのときの料理にピンクのソースが、白ソースにちょっとトマトケチャップで色をつけたらしいのがかかっていたのです（笑）。それから「そのソースはこちらで覚えたのよ」と言っています（笑）。

○寺島　勝田さんは食べることがお好きだから（笑）。私は全然気がつきませんでした。うちでは食事を作るのはみんな男だったので「お台所に入ってはいけません」と言われていたのです。ですから、何を作ってくれるのか全然わかりません。
○京極　私の家にはコックは居りませんのよ。女中ばかりでございましたけれど、「御膳所《ごぜんしょ》」に行ってはいけないということは規則でした。御用聞きの男の人たちも出入りするからということもあったのでしょうね。「書生部屋と表《おもて》と、御膳所は行ってはいけない」と言われていました。
○寺島　「小使いや御用聞きが来るからいけない」と言われましたね。お台所の向こうに「役間《やくま》」と男の「溜《たま》り」があって書生がいました。そちらの方はあまり行ってはいけないのです。

決められた友人

華族家庭における子女の交友範囲は、親によって決められていた。彼女たちは学校はともかく、家庭では親の許した範囲の友人でないと遊ぶことができず、そのことに窮屈さを感じつつも、これを受けいれていた。親が認める友人というのは親類縁戚や、おなじ華族で親同士の交際がある家庭の子女などであり、逆にまったく接点のない家庭の子女との交際は認められなかった。放課後や休日に自由に行き来するのが一般的な今日では考えられないが、上流層の子女においてはごく当たり前のことであった。
○上杉　私は学校が終わって家へ帰ったら姉妹で遊ぶだけで、お友だちも何にもありません。学校のお友だちでも、家へお呼びしてよい方とそうでない方を祖母はきちっと分けていました。学校で仲良く遊んでいる方でも、家へ遊びに来ていただくことはできなかったり、逆に学校ではあまり親しくなくても、お雛様のときなどに呼んだりしました。

○寺島　お雛様のときは大体学校の方でしたね。母同士が親しいとか、ご家庭のご様子がわかっているような方がいらっしゃいましたね。

――具体的には、どういう方がお呼ばれするのですか。

○上杉　祖母の実家《さと》の近衛家や、母の実家の島津家の方とかです。それから、血がつながらなくても、祖母がそのご家庭を知っている人ですね。そういうご家庭のお嬢さんで、私の同級生だったり、妹ともまた偶然同級だったり、そういった方を選んでいたようです。いつも仲良くしている方に、家に来ていただけないのはつまらない、どうしてだろうという不満を妹とよく話しました。でもまあ、そういうものだと思っていたのですね。

○勝田　私の場合は、同級生で小学校時代から親しくしていた方が家に遊びにいらしたり、私の方から遊びに行ったりしていました。それからお稽古も、寺島さんと一緒に雙葉会《ふたばかい》で英語の勉強をしました。あとは母方の親戚の子どもが和田家へ集まって泊まったりしました。それから父方の親戚がいる鎌倉にも遊びに行きましたが、そういうところはあまり厳しくありませんでした。女子学習院を卒業するとき、謝恩会の帰りに、うちよりはるかに大きなお家に住んでいる寺島さんや、ほかにも近衛さんだとか立派な方たちがいらっしゃるのに、クラスの方を全員家へ呼んじゃったのです。そのとき寺島さんが「夜にお家で遊んだのははじめてだったのよ」なんて喜んでくださったの。父がそういうことが好きなものですから。写真屋を呼んでみんなで写真を撮りましたわね。

御相手さん

華族子女の遊び相手には学校の友人とは別に「御相手」がいる場合もあった。御相手は役目として遊び相手をつとめるもので、華族の場合、旧臣や縁故者の子女から選抜されるのが一般的であった。年齢的には対象となる子女と同年か少し上というのが多かった。

○寺島　私のところでは、父が事務所に勤めている人の娘さんを御相手として呼んでくれていたのです。私たちよりちょっと年上の人が遊びや勉強の相手として一週間に一度か二度、大体土曜か日曜に来てくれて、カルタをとったり、いろいろ世間の話を聞かせてもらったりしました。そうでないと私は何もわからないですから、御相手にちょくちょく来てもらって、少し世の中のことを勉強したのでしょう。御相手は学校のお友だちとは全然別個で、学校のお友だちは「お雛様とかのときにはお呼びしてもいいけど、普段やたらにお連れしたりしてはいけない」と言われていました。どういうのでしょうね。皆様もご迷惑だろうし、「御相手がいるのだから、御相手と勉強したり遊んだりしなさい」と言われました。みなさん表《おもて》の職員の娘さんで、とてもよくできた人たちで、「お呼びがあったら行くように」と言われていたらしいです。

○京極　私は兄弟がおらず、一人っ子でございますでしょう。ですから、もっぱら御相手さんと遊んでいました。長くいる老女の親戚の子や表の職員の娘さんとかで、年上もいましたし、年下もおりましたね。あとはいとこです。いとことは交流が盛んで、今でも仲良しです。それからお雛様のときには学校のお友だちをお呼びしてよいのです。だけどそれも上杉さんがおっしゃったように、なぜか親の決めた線引きがあるのですね。お雛様のときなどには御相手さんは出てきませんが、夏休みにどこかへ避暑に行くときには御相手さんは付いてきてくれました。そういうことですから、学校の帰りにお友だちが遊びにいらっしゃるとか、遊びに行くとか、そういうことはするものではないと思っていました。お招きをうけたらお伺いをするということで、今でもお招きもないのに近所まで来たからちょっとお寄りしましたということはしたことがございませんね。

――御相手さんは、江戸時代からの伝統なのでしょうか。

○京極　藩の時代のことはわかりません。私の場合はもっぱら一人っ子でかわいそうだし、誰か相手をという程度だったと思いますよ。家にいるのは男の人や大人ばかりでしたから、もっぱら御相手さんが大事で、ついこのあいだまで付き合っていました。近所の方と遊ぶことはまったくなく、誰が住んでいるのかも知りませんでした。

○大久保　私は昭和九年の生まれですが、私の時代でも、近所の子どもたちと遊んだことはありませんし、名前も知りませんでした。戦後になってからなんとなく、隣近所の子と遊んだりしました。戦争のあとに大きな変化が来たのでしょう。

お金を持たされなかった少女時代

四人の少女時代と現代との大きなちがいのひとつが、日常ほとんどお金を持つことがなかったことである。生活費の支出は表《おもて》の職員によって行われ、外出時には御付《おつき》が同行し、万端手配してくれたのであるから、それこそ購買でパンを買う以外にお金を持つ必要がなかった。こうした生活はかなり窮屈に感じられるが、彼女たちにとってはそれがごく普通であった。

——皆様は自分でお金を持って買い物をすることはございましたか。

○寺島　学生時代にはお金を持たされませんでした。学校に購買部があって、皆さんそこでパンをお買いになるのです。私はお金を持ってないから買えず、羨ましかったです。親に頼んで二十銭か三十銭をもらってパンを買ったことを覚えていますよ（笑）。

○上杉　私のところは祖母が本当に賢婦人で万事仕切っていましたから、お小遣いも週に十銭くらいで、パンを買うのにもそれだけのお金をもらうというふうでした。サンドウィッチが二十銭くらいで、朝購買部へ行って申し込むのです。「今週はサンドウィッチを食べたいから二十銭」とおばあちゃまに言っていました。だけど実際は一番お安いパンを買って、お小遣いを貯めたりしていました（笑）。お店に行って物を買うというのは、母がデパートへ行くときに連れて行ってもらって、ちょっと買い物をした程度です。本を買ってほしいときは、本屋に行って本を見て、あとで何の本を取り寄せてくれといいました。表《おもて》では銘々の予算が決まっていますから。学校の遠足でお菓子を持っていくときも、家までお菓子屋に見本を持って来てもらっていました。
○寺島　お重みたいに上に仕切りがあって、枠の中にお菓子が入っているのよね。
○上杉　お重みたいな器にお菓子が入っていました。私と妹が見本をみて、祖母の前で「これがほしい」と言って、祖母に「そんなのはいけません」と言われたりしました。
○京極　何かと「いけません」が多いのよね。お菓子屋さんは朝来るのです。黒塗りのお重箱を平べったく大きくしたような箱で、屋号が赤く書いてある容器に生菓子、焼き菓子、蒸し菓子、干菓子が二段に入っているのですよ。希望のものを注文すると三時までに持ってきてくれますし、来客用のお土産など注文に応じて用立ててくれましたね。草履屋さんや呉服屋さんも、見本を持って来ました。テレビで見るような、大奥で小間物屋が広げている、ああいう感じでしたね。
○勝田　私のところへは洋服屋がファッションブックを持って来ましたよ。中御門経恭《なかみかどつねやす》さん〔侯爵〕に紹介していただいた山形屋というところが来ていました。おもしろいことに父が女の子の洋服を見るのが楽しみだったのです。私と妹の洋服は全部父の趣味で「これを美智子に作るといいよ」というと、それを買うのです。
――原田熊雄《はらだくまお》さんにそういう一面があったとは（笑）。
○勝田　わりとおもしろいのよ。
○京極　ハイカラなお家でいらしたのよ。うちは洋服は着なかったわ。
○寺島　うちにも出入りはございましたけれど、私はあまりそういうのに興味ないのよね。お能の囃子方《はやしかた》を稽古させられていたのですが、その会に出るのに皆さんきれいなお衣装を着ていらっしゃるのに、私は「制服で舞台に出てどうしていけないの」と言ってセーラーのままでやっていたのですよ。ある時期になりましてからは着物を着ましたけれど。お洒落じゃないのよ。
○京極　でもお嫁にいらっしゃる頃は、お召物を召していらしたわね。
○寺島　まあ仕方なくね。結婚した相手はアメリカ生活が長いでしょう。ですから全然そういうこと気にしないでいました。
○勝田　三越にはいつも母と一緒に行きました。番頭さんがいたでしょう。
○上杉　うちは松坂屋でした。祖母が「松坂屋に行く」というと一緒について行きました。松坂屋というのは、あとで聞くと尾張徳川家との関係だったそうでございますね。
――はじめて一人で外を歩いたのは、おいくつの頃ですか。
○勝田　私は学校を卒業してからです（笑）。
○京極　一人で歩くのはお嫁に行くまでなかったですね。
――もしも一人で外に放り出されて「電車で帰りなさい」と言われたら、帰れますか。
○寺島　わからなかったと思います。
○京極　いいえ、帰れる！（笑）　できるけれども、させないだけよね。
○上杉　できるわよね。お稽古に行くのでも、どこの駅で乗って、どの駅で降りるとか、それはわかっています。

○勝田　学生時代、お金はほとんど要りません。回数券を親が買ってくれ、それから学校にはずっと市電で通っていました。

○上杉　お稽古に行くとき千駄ヶ谷の駅から電車に乗るというと、女中さんが先へ行って切符を買って渡してくれました。自分でお金を使うことはありませんでした。

関東大震災

大正十二年九月一日午前十一時五十八分に発生した関東大震災のとき、京極典子は小学二年生、寺島雅子・勝田美智子は一年生であった。このとき自宅が神田区駿河台鈴木町（現・千代田区駿河台）にあった美智子は火災を逃れるため上野まで避難したという。駿河台一帯は火災で焼け、通っていた神田猿楽町の仏英和小学校（現・白百合学園小学校）も全焼したため、女子学習院に転校することとなった。震災は多大な惨禍を残したが、子どもであった彼女たちには非日常的な風景や生活に対する無邪気な印象とともに記憶された。

○勝田　私は神田の鈴木町におりました。宿題をしていたら地震が来たのです。水道橋の方から火が来て、「御茶の水の橋が落ちる」「落ちないうちに向こうへ逃げなくてはいけない」と言われて、橋を渡ってずっと上野まで逃げました。私は一年生だったので歩かされて、弟と妹は女中さんにおんぶされて逃げました。母とみんなでずっと逃げて、不忍池《しのばずのいけ》まで参りました。お腹が空いて、お腹が空いて……。通っていた仏英和の校舎が焼けてしまったので、試験を受けて二年から学習院に入れていただきました。

○寺島　小学校一年生のときですね。私は軽井沢におりました。学習院は二学期が九月十一日からはじまるので、まあ八日か九日に帰ればいいと思っていました。でも楽しかったです（笑）。

○京極　楽しかったといっては申し訳ないけど、子どもだから事の重大さがわからないのね。

○寺島　ええ。普段一緒になれないような、料理人さんや女中さんと、みんな一緒に樹の下で食事をしました。寝るときも「三階は危ないから、一緒に寝ましょう」といって一緒に寝ました。そういうことで、とても楽しかったですね。私のところは九月一日にかならず先祖のお祭があるのです。それで両親が東京へ帰っていましたので、軽井沢に残っていたのは兄と姉と私、子どもたちだけなのですよ。だから余計楽しかったのです。

○京極　地震のときは立ってはいられませんでしたね。私の家は渋谷でしたから焼けませんでしたが、石積みの塀が蛇のようにくねりながら倒れてゆきました。それは恐かったと、よく覚えています。

○寺島　私も『梅鉢草』にも書きましたけれど、地震のときには裏階段の両方の壁を伝わって三階から降りたような気がします。でも楽しかった。おむすびを作ったり、樅《もみ》の木の下でみんなと一緒にワイワイしたりしました。

○京極　私も罹災者の方が下町からいらして、炊き出しをしたり、庭で蚊帳《かや》を吊って寝たりしました。いつもとちがって人が集まって来るのが楽しかったです。普段は一人っ子でつまらないので、大勢人が来てくださって楽しく思ったのでしょうね。普段とちがって「これを持って、あなたもあっちへお運びしなさい」なんて言われると、嬉しく思ったりしましたね。

二・二六事件

昭和十一年二月二十六日から二十九日にかけて東京を中心に発生した二・二六事件は、わが国最大のクーデター未遂事件である。四人は直接危険に遭うことはなかったが、勝田美智子の父原田熊雄は元老西園寺公望の秘書で親英米派であるためと皇道派将校から生命を狙われており、寺島雅子の父細川護立もまた華族会館で機関銃を向けられた経験をもつなど決して遠い世界のできごとではなかった。

○寺島　二・二六事件のときは、お亡くなりになった高橋是清《たかはしこれきよ》さんのお孫さんが同級生にいました。

○勝田　高橋さんのところは大変だったと思います。私のところも父が西園寺公望公爵の秘書だったので、やはり二・二六事件で狙われていたのです。平河町に家があったのですが、事件のとき、私と妹は叔母が松方幸次郎《まつかたこうじろう》さんの長男の勝彦《かつひこ》さんのところに嫁いでいましたので、そこへ疎開しました。母と弟たちは松濤《しょうとう》の吉川の祖母のもとに避難しました。あたり一帯に兵隊がいたので、隣の家の方が塀に梯子をかけてくださって、父はそこから逃れて興津の西園寺様のところに行ったと思います。

兵隊といえば、何方かはわかりませんが、あるとき父が華族会館で食事をしていたところ、父を暗殺しようとした人がやって来て「このなかに原田はいるか」と聞いたそうです。一緒にいらした方たちが「いませんよ」とお答えになったので、その人は部屋を出て行きかけたのですが、父は馬鹿正直なものだから、その人をわざわざ追いかけて「私が原田熊雄です」と言ったそうです。相手の人は驚いて、困ってしまい、「どうもご苦労様」とか言って帰っていったということです。

○寺島　おへめさんが「『今日も演習ですか。この雪降りに大変ですね』とご飯をあげて、おみおつけをご馳走した」とおっしゃっていたじゃない。

○勝田　それ二・二六事件のときのことだったの（笑）。へめさんは疎開しなかったのね。

○寺島　私の家はみんないなくなって、お巡りさんが一人で泊まっていました。事件の日、華族会館から家に「侯爵はご無事ですか」と電話が入りました。父は何のことだかわからなくて、華族会館に行ったところ、会館に機関銃を持った人が大勢来たのです。その中にたまたまよく知っている熊本人がいまして、父はその人に「何の用で来たのか」と聞いて、「俺を先に撃ってからやれ」と言って事無きを得たらしいです。二・二六のときは大変だったらしいですね。

○大久保　二・二六事件のときに華族会館にいらした方々はびっくり仰天したので、後日「仰天会」という会を作り、時々集まっていらっしゃったようです。

Ⅳ 結婚の季節

1　制約だらけの男女交際

男女七歳にして席を同じうせず

「男女七歳にして席を同じうせず」という観念が強かった戦前、華族の家に生まれた彼女たちは、異性との関わりに対しても家庭や学校、社会から強く規制されていた。家庭内におけるさまざまな規制はこれまでみてきたとおりであり、女子学習院でも「学生心得」には記されなくとも、当然の不文律とされていた。華族の不品行は、家名を汚すだけでなく、新聞や雑誌にゴシップとして書き立てられ、宮内省からは爵の返上や礼遇停止など厳しいペナルティが課された。

そうしたなかで彼女たちにとって身近な異性は、おなじ華族、具体的には両親のつきあいのある家庭の子弟や、兄弟の友人などであったが、親しきなかにもしっかりと線引きがなされていた。

○勝田　私たちの学生時代は、男子の生徒さんとはなるべく交わってはいけないといわれていました。そのためでしょうか、学習院の場所も男女で目白と青山に分かれていました。私は、二人の弟が学習院におりましたから、時々目白で行われていたオーケストラのコンサートや運動会に行っておりました。そのほかには華族会館で開かれた集まりがありましたね。華族会館で大河内《おおこうち》伝次郎《でんじろう》のチャンバラ映画をやっていたのです。そうすると男子部の方が観にいらっしゃいました。

○京極　親戚や華族会館の会員の方をお見かけすることはあったけれど、そこで親しくすることはなかったですね。それこそ「男女七歳にして席を同じうせず」です（笑）。電車に乗っても女の人の隣に腰掛けるくらいです。御付《おつき》の人が「こっちへ」と誘導するのですが、決して男の人の隣ではなかったです。そういうところは徹底していましたね。でも、そういうものだと思っていました。別に不思議に思わなかったのが不思議ですね。そういう時代でした。恋愛的なことには非常に厳しかったわね。そうでもないかしら？

○勝田　お兄様と銀座を歩くこともいけないと言われた方もいらしたそうです。

○京極　山王のスケートリンクに行くことも、学校では止められていたのよ。

○上杉　私は、兄がスケートをやっていましたから、山王のスケート場については割合大目にみてもらっていました。けれども全体的には禁止で厳しくございました。

御供つきのデート

自由恋愛がめずらしかったこの時代、彼女たちが受けていた躾が飛び抜けて厳しかったとみることは誤りであろう。とりわけ良家の子女としてはごく一般的な躾であったといえる。しかし外出には常に御付がつき、電車でも男性の隣に座らないよう促すといったあたりは、やはり最上級の経験といえるかもしれない。

ただ、そうしたなかでも寺島雅子《てらしままさこ》が明かす、兄細川護貞《ほそかわもりさだ》と近衛文麿《このえふみまろ》の二女温子《よしこ》のような例もあった。

二人は細川・近衛両家の家族ぐるみのつき合いのなかで、互いを意識し、順調な交際の末に恋愛結婚を成就させた。交際をめぐる障害もなく、周囲からもあたたかく見守られた幸福なケースといえよう。

――映画館のような場所に行くのはどうでしたか。

○京極　映画館も家族がついていけばよいけれども、友だちと行ってはいけないと言われました。

○勝田　私も映画に一回誘われたことがございますけど、うちで御供《おとも》をつけたのよ。だいぶたってから「御供つきのデートはやったことない」と怒られちゃった（笑）。年頃になると親がもう心配なのですね。三人で行動しているような状態になるので、御供に「あなた、ここで見ていて頂戴ね」といって撒いてしまいました（笑）。

○上杉　私なんて新婚旅行まで御供がつきました。主人の方についてきたのですが、その人が困っていやがって「ずっとついていたことにしましょう」といって内緒で途中から別れました（笑）。結婚前は私の方でもおなじでした。主人と婚約してからのデートでも、かならず待ち合わせ場所まで女中さんがついて来て、私を渡して、映画を観て喫茶店でお茶を飲んで、そこから電話をかけると迎えが来て引き取るというやり方でした。一人では歩けません。

○寺島　主人の寺島宗従《てらしまむねより》は一人でアメリカに十何年暮らしていた人でしたから、そこで観念が変わったようでした。気楽でとても助かりました。

○勝田　私たちの頃は、恋愛結婚なんてとんでもないという時代でございましたね。

○寺島　でも兄の護貞は、近衛温子さんと、ゴルフでミックスを組んでいたのですが、お互い好きになって結婚しました。家同士がよく知っていましたから。軽井沢へ行くと、どっちが自分の家だかわからないぐらい、あっちの家こっちの家と自転車で遊んでいましたからね。兄はまじめで恐かったけれど、温《おん》ちゃんと知り合いになってからは、すごくよくなりました。

○勝田　私はテニスをしているから、ミックスのお相手がいるでしょう。全然知らない方より知っているほうがいいと思って、「あの方ちょっと良いわね」と言っただけで、父はすごく怒りました（笑）。「親の納得のいく人でなくては駄目なのだ」と、いつも言われましたね。東大とか京大卒業の方とか、あの時代は銀行勤めの方がよかったみたいです。

2 華族女性の縁談

近代における華族の結婚は、近世以前の大名に代表される政略的なものから、家格、身分の確認行為へと変化したといわれる。昭和戦前期に結婚適齢期を迎えた四人の場合、縁談が家長を中心に当事者のあずかり知らないところで進められたことはこれまでとおなじであったが、彼女たちに結婚前に相手との交際期間や、断る機会が与えられていた。もちろん結婚後のトラブルを避けようとした側面もあるだろうが、互いの人格や意志を尊重するという意味では結婚の近代化とみることができるであろう。

四人の縁談は、それぞれ家の格式、爵位や当事者の年齢などの要素が交錯しながら進められた。娘の幸せを願う親心は華族であっても変わらず、縁談は親たちが幸福な結婚生活を願い、慎重に相手を選んだ結果でもあった。

もうひとつ彼女たちの縁談を特徴づけていたのは、次第に濃くなる戦争の気配である。戦争となれば若い男性の多くが戦地に送られるため適齢期の男女の比率にアンバランスが生じる。血統を次世代に伝えることに強い使命感をもつ華族にとって、婿選びはかつてなく深刻な問題となっていた。

「徳川十八代」と婿選び——徳川家から上杉家へ

敏子《としこ》の縁談は兄家英《いえひで》が昭和十一年（一九三六）九月に満二十四歳の若さで急逝したことで、複雑化した。姉豊子《とよこ》はすでに会津松平家出身で駐英大使から宮内大臣をつとめた松平恒雄《まつだいらつねお》の長男一郎《いちろう》と結婚していたため、敏子は必然的に跡取りの立場となってしまったのである。当初、祖父家達《いえさと》や父家正《いえまさ》は敏子に徳川一門から養子を迎える可能性をさがした。ところが、なかなか適当な候補がみつからず、さらに当時は中国との戦争中であったため適齢期の男性自体が不足気味であったことから、下手をすれば結婚の機会そのものを逃しかねないと心配された。こうしたなかでまとまったのが上杉伯爵家の継嗣隆憲《たかのり》との縁談であった。

昭和十五年四月、二人は婚約したが、その直後の六月に祖父家達が死去したことで事態はまたもや混沌となった。家督は父家正が継承したが、それに連動して今度は敏子が「推定家督相続人」となり、宮内省に届けを出さなければならなくなった。一旦推定家督相続人となれば、籍をはなれる場合には廃除の手続きが必要となる。父家正は敏子の戸籍に「廃除」の文字が記載されることを避けようと苦慮した。この問題は同年九月に旧福井藩主松平侯爵分家で戦後に宮内大臣をつとめた子爵松平慶民《まつだいらよしたみ》の二男忠永《ただなが》を養子に迎え、家督相続人として届け出たことで解決する。かくして敏子は無事、上杉隆憲のもとに嫁ぐこととなった。

敏子の婚家である上杉伯爵家は、戦国大名上杉謙信《うえすぎけんしん》を祖に、江戸時代には米沢三十万石、ついで十五万石を領し、明治十七年（一八八四）に伯爵を授けられた。隆憲は大正六年（一九一七）二月生まれ、伯爵上杉憲章《うえすぎのりあき》の嗣子で上杉家第十六代目にあたる。東京帝国大学文学部仏文学科を卒業し、戦中より戦後にかけて米沢に疎開したときには山形師範学校助教授となり、その後は東京にもどり東京都児童会館長などをつとめた。隆憲の父憲章は明治九年生まれ、英国ケンブリッジ大学に学び、宮内省御用掛などをつとめた。夫人は公爵鷹司《たかつかさ》煕通《ひろみち》の長女房子《ふさこ》で、彼女が大正七年十二月に死去した後は、男爵近藤廉平《こんどうれんぺい》三女貴子《たかこ》を迎えていた。

○上杉　兄が早くに亡くなったものですから、私が跡取りに残るか残らないかという話から複雑になりました。祖父たちはできることなら葵紋をつけた人を養子にもらうという方針でおりました。だけど適当な方がいなくて、しょっちゅう相談をしておりました。

うちに養子に来ていただく方には、年齢などいろいろと条件がありました。二男三男でうちに来てくださる方を、祖父と父はずいぶん悩んで相談していたようでした。戦争中でしたから、出征している方もたくさんいらっしゃいました。結局、適当な方はいないし、そういっていると私の婚期が遅れるから外へ出そうということに決まりました。その頃は二十五歳になったら、ちょっと晩婚という時代でしたから、いろいろ親戚の方が心配してくださって、上杉と婚約しました。

それまでは祖父が当主で父が跡取りでしたが、婚約後に祖父が亡くなり、父が当主になりました。その頃華族は当主になると家督をつぐ人を宮内省にお届けしなくてはならなかったのです。

父が当主になったら、今度は私が跡継ぎになる順番だったので、本当はそのように宮内省に届けをしなくてはならなかったのです。私はもう婚約して外へ出ることになっていたので、父が困ってずいぶん心配をしていました（笑）。一度廃嫡にしないと外へ出られない決まりになっているけれども、形式的にしても戸籍にそういう傷はつけたくないということで、私を無事に出すために大急ぎで養子をもらいました。結局、松平慶民さんの息子の忠永さんに養子に来ていただいて、私は嫁に出してもらえることになったのです。はじめは妹に婿をもらう話もありましたが、それはいろいろ弊害もあるからというので、妹も結局外へ出ました。

――上杉家との縁談は、どこから来た話なのですか。

○上杉　嫁ぎ先が上杉に決まった理由は、私もあまりよくわからないのです。父の妹で叔母の綏《やす》子《こ》が鷹司家に嫁いでいまして、ご主人の信輔《のぶすけ》さんのお姉様の房子さんが上杉へ嫁いでらしたのです。でもその方は主人が二歳くらいのときに亡くなっていました。だからその辺からのお話だったのか、または父が外交官でしたから、外交官仲間の亀井《かめい》茲常《これつね》さん〔伯爵　宮内省式部官・侍従〕の奥様の久《ひさ》さんが上杉の出身でいらしたからとか、その辺からお話が出たように思います。

私はまったく知らないままというわけではなく、見合い写真を交換したり、しばらくお付き合いをしたりしました。いやならお断りもできました。無理やりに親から決められたわけではないのです（笑）。まあ、お見合いをした後、結婚前提でお付き合いをしようということになって、もうその辺でほとんど決まったようなものでしたね。お互いにいやなら早くお断りしなさいということでした。

私の母は天璋院《てんしょういん》様のご命令で生まれる前から婚約をしていましたが(笑)、明治時代と我々の頃とはまったくちがいますね。私どものときは運命に縛られなくて、いやならいやと、ある程度は断われました。


――縁談の仲立ちをしてくださるのは、どのような方なのですか。

○京極 「どこの家にどういう子が居て……」ということは、みんな学習院に通っていますから、調べてもらわないでも大体はわかっています。

○上杉 妹が『花葵』に書いていますが、父が華族会館の名簿で、ちょうど年齢のよさそうな方に丸印をつけていましたから、よく父の部屋へそーっと忍び込んで、どういう方に丸がついているか見ていました(笑)。華族会館の名簿で年齢やお仕事を調べたり、その方と親しい方から聞いていたようです。

アメリカ帰りの青年伯爵に嫁ぐ――細川家から寺島家へ

雅子は、昭和十五年、伯爵寺島宗従に嫁いだ。寺島伯爵家は、薩摩藩士で幕末には松木弘庵《まつきこうあん》と称し、維新後は参議、外務卿、元老院議長、枢密院副議長などの要職を歴任した寺島宗則《てらしまむねのり》を初代とする勲功華族である。第二代誠一郎《せいいちろう》は貴族院議員として活躍したことで知られる。

宗従は誠一郎の長男として明治四十三年十月に誕生、学習院中等科から渡米し、プリンストン大学

寺島雅子結婚式（中央に宗従・雅子．２人を挟んで仲人の近衛文麿・千代子夫妻．千代子の右は雅子の両親細川護立・博子で，２列目右端が妹泰子，その隣が姉敏子，最後列右から２人目が兄護貞．昭和15年５月16日華族会館にて）

を卒業した。昭和四年五月に父誠一郎が死去すると、家督を相続し伯爵となった。母きやうは三井家の出身であり、彼女もまた昭和六年一月に死去していた。

外務官僚谷正之《たにまさゆき》の知遇を得た宗従は、谷が東条英機《とうじょうひでき》内閣で外務大臣兼情報局総裁になると情報局総裁秘書官となり、昭和十八年五月、谷が中国大使に転ずると、大使館一等通訳官として同行し、終戦まで南京にあった。戦後は吉田茂《よしだしげる》終戦連絡中央事務局総裁のもとで秘書官をつとめている。

雅子の結婚をめぐっては、水面下で皇族との縁談もあったというが、本人が強く断ったという。彼女の姉敏子《としこ》は山階宮菊麿王《やましなのみやきくまろおう》第五男子で臣籍降下して華族となった伯爵葛城《かつらぎ》茂麿《しげまろ》と結婚しており、可能性を窺わせる。一連の雅子の縁談話からは父護立《もりたつ》の心遣いが感じられる。

――寺島宗従氏とのご結婚は、どのように決まったのでしょうか。結婚相手の範囲はあったのでしょうか。

○寺島　華族同士がよいということはあったようですね。宮様から少し話があったのですが、私がどうしても宮様はいやでして、お断りしていたのです。何となく窮屈そうでいやでした。宮家の方は公侯爵の方から順番にお選びになりますから、私どもに話しがあるのですね。

私はうちで九つ年下の妹と遊んでいた方がよほどおもしろかったから、結婚するなんて面倒くさいと思っていたくらいです（笑）。お嫁に行っていろいろお食事を作ったり、お世話したりするなんて面倒くさいと思っていました。父が「両親も早く亡くなっているし、おまえにもつとまるだろう」といって探してくれました（笑）。ですから私はお姑様につとめたことはないのです。はじめから気楽でした。

――堅苦しいところはいやだなどと希望をおっしゃったのですか。

○寺島　そんなことはないですよ。主人はたった一人で家にいたのです。お姉様は安《やす》田岩次郎《だいわじろう》さん、妹は三井財閥の三井高大《みついたかひろ》さんとそれぞれ結婚して、お金の心配はありません。家に一人でいてもつまらないからと、昼間はかならず帝国ホテルか何かに食べに出ていて、私の父に会ったらしいのです。私ははじめ外国人の奥さんがいると思って彼と会っていたのですよ（笑）。だって十年以上アメリカにいましたからね。それで会ったあとで姉に「彼の外人の奥様はどんな方」と聞いて笑われました。「彼、独身よ、いいでしょう」といわれましてね（笑）。それで難なく結婚が決まったのです。寺島家の方も両親が早くに亡くなっていますから、本人がよいといえばそれですんだのではないのでしょうか。

○勝田　ご主人様は、背は高いしハンサムだし（笑）、とても素敵だったと、皆さんそうおっしゃるわね

――細川家として、このランクの華族の中から選ぶというような決まりはありましたか。

○寺島　ないですね。ただ時期が支那事変の途中でしたので兵隊に取られると困るので、お医者様に乙種と診断書を書いていただきました。夫は谷正之さんの秘書官になって南京の大使館に行きましたから、結婚してまもなく離れていました。

結婚後アメリカへ――原田家から勝田家へ

美智子の結婚相手は、元大蔵大臣勝田主計《しょうだかずえ》の四男龍夫《たつお》であった。勝田主計は明治二年愛媛県生まれで、東京帝国大学卒業後、大蔵省に入り、理財局長から大蔵次官、朝鮮銀行総裁となり、寺内正毅《てらうちまさたけ》内閣・清浦奎吾《きようらけいご》内閣で大蔵大臣、田中義一《たなかぎいち》内閣で文部大臣をつとめた人物であり、同郷の正岡子規《まさおかしき》や秋山真之《あきやまさねゆき》とも親交があったことで知られる。主計の妻イヨは福井藩主の御典医の出身であった。

龍夫は、明治四十五年二月生まれ、東京府立一中、府立高等学校から京都帝国大学法学部に進み、卒業後は朝鮮銀行に入行した。

結婚は昭和十四年五月のことであった。龍夫の著『「昭和」の履歴書』によれば、両家のあいだに

立ったのは京浜コークス社長太田亥十二《おおたいそじ》や、政治家の内田信也《うちだのぶや》であったという。挙式後一ヵ月あまり後の七月、二人は龍夫のニューヨーク出張所転勤に伴い渡米、日米開戦の直前に帰国した。戦争中、龍夫は企画院、ついで海軍に出向し、南西方面艦隊民政府嘱託、海軍司政官などをつとめた。戦後は旧朝鮮銀行の再建に尽力し、日本不動産銀行、のち日本債券信用銀行の頭取、会長、名誉会長を歴任している。

○勝田　横浜に、京浜コークスという会社の社長さんで太田亥十二さんという方がいらっしゃいました。うちの父が太田さんに「誰かいないか」と聞いたらしいのです。それで太田さんは近衛文麿さんのところに相談にいらしたみたいです。勝田の父は民政党で、原田の父は政友会だったのでまったく反対の党だったのですけれども、トントン拍子に話が進みました。原田の父は京都帝大出身で、主人も京都帝大だったのです。

私は知らなかったのですけれども、主人は私が軽井沢でテニスをしている頃から見ていたらしいのです。父が主人にいろいろと趣味の話をして、すっかり説き伏せていたらしいのでございますよ。私の方は本当に知らなかったから「知らない人はいやだわ」と言っていたのですけれど、父は「高級な趣味をもつ人はとってもよいから」と言いました。私は長女で、二つ年下に妹がいたので「早くお嫁に行かなくてはいけない」と言われて、それでお見合いをして、結婚が決まりました。

――高級な趣味というのは、どういうものですか。

○勝田　主人は大学のとき京都におりまして、お庭がとても好きで、しょっちゅう見に行っていたらしいのです。それから細川護貞さんと京都大学でご一緒で親しくしていたのです。それもあったのです。護貞さんは原田の父がとても好きだったものですから、父も「貞《さだ》の親友だし、いいだろう」と言って、とうとう決まっちゃったのです（笑）。

主人は歴史がすごく好きで、本当は歴史の先生になりたかったらしいのです。でも勝田の父が昔、朝鮮銀行の総裁をしていたものですから、結局朝鮮銀行に勤めてしまいました。私は外国に行きたくてしょうがなかったのです。娘時代、庭球協会からダブルスでテニス大会に出場するためにフィリピンに行く話があったのですよ。ところが父が絶対外国は一人で行かせないと反対したのです。ですから「外国に行くような人ならいいだろう、美智子」と言われまして（笑）。朝鮮銀行がニューヨークに出張所をもっていたものですから、結婚後にそちらへ参りました。

——海外に若い夫婦が揃って行くのはめずらしいですよね。

○勝田　そうなのです。ですからお給料も本当にキリキリでございました。月に三十ドルしかもらえなかったので、一日一ドルで生活をしろといわれました。当時一ドルは二円五十銭くらいでしたから、ウィンドウ・ショッピングばかりしていました（笑）。ニューヨークですから買いたい洋服がたくさんあったのですが、買えないのです。三十ドルでは食べ物だけで終わってしまうのでございます。アメリカのアパートに入りますと、いろいろと物が要りますでしょう。主人はほとんど実家《さと》の父からの仕送りでやっていたようでございます。自動車も最初は一番安いシボレーなどを買いました。

大名家の婿取り——京極家の場合

京極典子は、昭和九年、男爵加藤照麿《かとうてるまろ》の五男鋭五《えいご》を婿に迎えた。ひとり娘である典子の縁談相手は将来の京極子爵家の家督相続者となるだけに、宮内省の承認を得られる人物をさがして相当に苦労した様子が談話から窺われる。談話中に出てくる宗秩寮《そうちつりょう》は宮内省で華族の監督にあたっていた部局である。典子の結婚相手鋭五は明治三十三年十二月の生まれであるから、実に十五歳の年長である。二人の結婚は、典子の父高頼《たかより》から相談をうけた鋭五の自薦がきっかけであった。その後の展開は、まず鋭五が典子の父子爵京極高頼の養子となることが宮内省より認許され、ついで鋭五と典子の婚姻が認許されるという順序をたどった。

鋭五の実家加藤男爵家は、旧出石藩士の祖父弘之《ひろゆき》が勲功により華族に列せられた家である。弘之は帝国大学総長、帝国学士院長、父照麿は医学博士で侍医という学者一族であり、鋭五も学習院から東京帝国大学経済学部に進み、卒業後はイギリス・ドイツへ留学した。その後、東京日日新聞、読売新聞に勤務している。兄弟には東京音楽校教授、東京芸術大学音楽部長をつとめた成之《よしゆき》のほか、浜尾子爵家の養子となり探偵小説家として有名な四郎《しろう》、古川家に養子に入りコメディアンとして活躍した古《ふる》川緑波《かわろっぱ》（ロッパ）、実業之日本社社長増田義一《ますだぎいち》の養子となった七郎《しちろう》らがいた。

鋭五は典子との結婚に伴い、昭和十五年、京極家に代々伝わる「高」の一字をもちいて高鋭《たかとし》と改名した。鋭五（高鋭）は昭和十二年に内閣情報部嘱託となり、欧米より著名な音楽家を日本に招聘するなど西洋音楽の普及に尽力したほか愛国行進曲の選定にも深くかかわった。昭和十四年には貴族院議員となり、戦後は音楽プロデューサー、相模女子大学教授などをつとめた。

○京極　私は兄弟がおりませんでしたので、どうしても養子を迎えねばならず、結婚の範囲がとても狭かったのでございます。「自分は二男だから養子に行きますよ」という方もいらしたのですが、宮内省の方でお許しが出ませんでした。その頃はやかましくて、華族間で養子を迎えないと宗秩寮のお許しが出なかったのです。それで華族仲間からもらうことになりました。

縁談では「あなたは心配しないでいいのよ、探してあげるから」と言われ（笑）、まったく私と関係ないことみたいでした。父は方々のかたに「うちのお婿にいい方があったならばお願いします」とお願いをしていたのでしょう。私の主人にも「誰かお婿さんにいい人はいないか」と聞いたところ、「私ではどうでしょうか」ということになったのです。自己推薦というのは、当時はめずらしいのではないかと思います。よく、皆さん「あの話は有名だったなあ」とおっしゃいます（笑）。

「私ではどうでしょうか」といわれても、私と主人は歳が十五ちがっておりましたのですよ。主人の家は男爵家でしたので、それは問題ないのでございますけれど、私自身はもうちょっと歳の近い人を希望しておりました。でも、父から「おまえは兄弟もいないし、母も早く亡くなっているし、あれくらい歳がはなれているほうが、旦那でもあるし、お兄さんでもあるし、父親の雰囲気も多少あるかもしれないからいいのではないか」と言われまして、自己推薦の彼に決まったのです。そもそも養子は早くもらわされてしまうのです。本人がいろいろとわかってきて、「あの人はいやだ」「この人がよい」と言わないうちにね（笑）。

私は彼を知りませんでしたので、一応お見合いをしました。主人の母が女子学習院幼稚園の先生をしていらっしゃった斎藤美根《さいとうみね》先生に仲人をお願いして結婚相手を探しておりましたので、そちらのお宅でお見合いをいたしました。斎藤先生は、主人も私も幼稚園時代にお世話になった先生だったのです。「いいお婿さんをもらうのだったらお行儀よく、よく勉強して、ちゃんとしてなきゃだめよ」とずっと言われてましたから、どんなにかいいお婿さんが来るのかと思ってしまうでしょう（笑）。でも普通の人でした。そんなふうでございましたよ。当時、自己推薦はあまり聞いたことがなくて、一般的にはお見合いでしたね。

——同じ京極一門が一番望ましいとか、ご親戚のうちでも血縁的に近い筋の方が良いといったルールはなかったのでしょうか。

○京極　私の結婚の頃は、おなじ京極の四軒からもらわなければとは思ってはおりませんでしたね。でもその後、私ども夫婦は子どもを持ちませんでしたので、夫婦養子をもらったのでございます。そのときは京極一門からもらえたらいいなと考え、結局それは実現できたのでございます。

——そういうとき華族の中でも、公家、武家、勲功の気風のちがいはなかったのでしょうか。

○京極　多少はあったみたいですね。お公家様と武家とは少しちがうものでしょうし、できれば武家がいいと思っていたようですね。主人の家は新しく授爵された家でしたが、気分的にいろいろと話も合致してすごせましたので、結局父の選んでくれましたことはよかったということでございました。

——ご主人のご兄弟には古川ロッパさんがいらっしゃいますね。

○京極　ロッパさんはとてもいい人で、おもしろい人でした。普段からああいう人でしたね。主人と外見もちょっと似ていました。お見合いをしたときも、私は主人を知らなかったので、写真を見て「ロッパとおなじ」と思いました（笑）。主人が銀座に参りますと、ロッパとまちがえる人がいて、「サインしてください」と言ってくるのです。主人はロッパのサインを書けるから、書いてあげたそうです。主人もとてもおもしろい人なのです。

3　華族の結婚式

花嫁修業

長引く戦争と経済統制のなかで行われた彼女たちの結婚式は、想像されるような華美壮麗なものではなかったが、それでも時代状況を考えれば十分盛大であった。それとともに結婚式に至るまでの花嫁修行、準備、さまざまな心がけからは、良家の子女が妻として、未来の母として必要とされる教養や知識、技能を身につけようとしている様子がみてとれる。

○京極　お茶、お花、お料理は、しなくてはいけないことでしたから、いたしました。お嫁に行って困らないためです。お花が生けられなくても困るし、お茶でお招きを受けて、どうしていいのかわからなければ困る。どこへ出ても大丈夫なようにひと通りのことはいたしました。普通のことだと思っておりました。

――台所に入ってはいけないと言われていたのでしたよね。

○京極　娘の頃は絶対に御膳所《ごぜんしょ》に行かせてもらえませんでした。結婚してからは主婦として、主人の好みに合わせて、主体となって献立を立て料理をし、それを女中に運ばせるやり方をし、主婦らしく一所懸命やっておりました。結婚当初は、それ以前とは大分世の中の事情がちがっていたように思います。

○上杉　私はお台所に行ってはいけないとは全然いわれませんでしたよ。「お嫁に行ったら、台所に出ることは少ないかもしれないけれど、人に何か聞かれてちゃんとわからなかったらいけないから、自分でできるようにはしておかなくてはいけない。学校のお割烹で習ったものも家で一人でやってみなさい」と言われていました。それで材料を調えておいてもらい、ずいぶん台所で作りました。

○京極　お父様方が外交官でいらっしゃって、お考えがお広いのよ。

○勝田　私の場合は、家に先生としてコックさんが来て、お友だちと三、四人で西洋料理を習いました。それから遠い親戚に島崎先生という日本料理の先生がいて、その方に家の台所に来ていただいて日本料理を習いました。東京慈恵会医科大学の高木喜寛《たかぎよしひろ》院長先生の家に行って、妹とそのお友だちと、高木家のお嬢様の美代《みよ》さんの四人で料理を作りました。そのときには鰹《かつお》のたたきも本式にやりました。

○京極　中華はあまり勉強しませんでしたが、西洋料理と日本料理の先生はそれぞれ別でした。伊東二郎丸《いとうじろまる》さん〔子爵〕のお家にお料理の先生が見えていて、そこで習いました。奥様の登世《とせ》さんがたいへんよくお世話くださいまして、方々から奥様やお嬢さんたちがお集まりになっていて、楽しいお稽古でした。お魚の串の打ち方も、うねらせるように活々とできるように習いました。

○寺島　私がまだ実家《さと》におりました頃は、お台所に出てはいけなかったので料理は全然できなかったのです。結婚してからも、やはり料理を作る人がおりました。割合あとになって、お料理のお稽古のために外で出て、お友だちと一緒に習いました。

○上杉　そういうことを知らないと恥をかくという感じでしたね。

○京極　おまえたちは料理を作らないですむかもしれないけれど、指図ができないといけない、ということです。ですから障子貼りも習いました。下から貼っていくのです。それから洗い張りもやらされました。銘仙をちゃんと真っ直ぐに張って、糊をつけるのです。

○勝田　フランス料理を習っていて一番困ったのは、まだ娘ですから、大さじ一杯とか、調味料の分量を先生に聞きますでしょう。そうすると相手はプロのコックさんですから「目分量でいいのですよ」といつも言われました。自分の舌で加減を見るのね（笑）。

○京極　あれも一番いい教え方だと思います。材料によって塩加減なんてちがうものですから。ですから、私は上手とはほど遠いとは思いますが、いろいろ本格的な料理をいたしましたよ。年末によそ様から頂戴する塩鮭を出刃包丁でさばきましたし、鴨も毛はむしってもらいましたが、残った産毛は捻った新聞紙や納豆の包み藁を使って燃やして体をきれいにして、それから解体して鴨鍋やら鴨ロースにして主人を驚かせたりして、ちょっぴり得意でございました。

披露宴

結婚式は従来、家庭で行われることが多かったが、明治に入ると東京では日比谷大神宮（関東大震災後に移転、昭和三年より飯田橋大神宮、戦後は東京大神宮となる）や出雲大社分社などで神前結婚式が行われるようになり、大正期にはいると永島藤三郎《ながしまふじざぶろう》の主唱した簡易にして壮厳で最も現代的な婚礼方式、いわゆる「永島式結婚式」が広く受けいれられるようになった。永島式とはイザナギ・イザナミの二柱の神を滋賀県多賀大社から分祀して拝戴し、これを祀った祭壇の前で新郎・新婦が誓いの神酒を酌み交わす儀式を中心とするもので、帝国ホテルでは昭和初年に多賀大社祭神の御札を祀った式場が常設され、館内には美容室・写真室・装花が置かれ、現在のホテル結婚式の原型が形成された。

東京の代表的な結婚式場には、帝国ホテルのほかに、東京会館、築地精養軒、上野精養軒、水交社、偕行社、東京ステーションホテルなどがあった。東京会館は結婚式用の施設が整い、一度に五百人のテーブルセットが組めることから人気を博した。華族は親類縁者をはじめ招待客が多いことから、東京会館のような大規模な宴会場がよく利用されたようである。

寺島雅子の披露宴は華族会館で行われ、両家の主賓を中心に招いた会食と、より広い範囲で友人なども招待した茶会がそれぞれ開かれた。勝田美智子の場合は披露宴を東京会館で、茶会は帝国ホテルで行っている。この頃大都市では時代を反映して、披露宴の冗費と時間を省くため茶会形式の披露宴もよく行われていたが、彼女たちの場合はむしろ出席者が多数にのぼるため、公式性の高い披露宴と、多少くつろいだ茶会とに分けて行ったようである。

なお美智子の談話に出てくる近衛文隆《このえふみたか》は、近衛公爵家の嫡子で終戦後、ソ連によってシベリアに抑留され、帰国を果たせないまま昭和三十一年十月に死去した。龍夫・美智子にとっては披露宴の茶会が文隆との永遠の別れとなった。

——披露宴は、どのような形でされましたか。

○勝田　あの頃は東京会館が主でした。寺島さんは華族会館でしょう？

○寺島　華族会館でした。結婚式は飯田橋の大神宮でしたね。今の結婚式とはちがって食事と御茶の披露宴が二回あったのです。御茶でたくさんの方をお呼びして、晩餐は少人数でした。

○勝田　私は、夜に東京会館で大勢お呼びしたのでございます。お仲人が木戸幸一《きどこういち》さんのご親戚に当たる児玉秀雄《こだまひでお》さん〔伯爵〕ご夫婦でした。そして御茶は帝国ホテルでしました。呼びきれなかった方々、のちにロシアにいらした近衛文隆さんたちを帝国ホテルにお呼びしました。貞さん〔細川護貞〕もお呼びしました。

——仲人の方はどういう方にお願いするのですか。

○勝田　両方の両親を知っている方がお仲人になったわね。

○寺島　私のときは近衛文麿さんが仲人をしてくださいました。近衛さんのお嬢さんが、うちの兄のところにお嫁に来ていますでしょう。ですから私と姉の仲人は近衛さんだったのです。近衛さんはお仲人ばかりやってらっしゃるのね。引き合わせることではなく、その場だけのお仲人をやっていらっしゃいました。

——披露宴や式にお呼びする方々の範囲に、決まりはあるのですか。

○寺島　やはりお友だちとか、両方で知っている方よね。

○勝田　でも私の場合、父の知り合いの方がずっと多かったです。私のお友だちは本当に親しい五、六人くらいで、一つのテーブルくらいでございました。ですから昔は今とはちがって自分の結婚式だか何だかわからないのです。今はご本人同士でなさるみたいですね。

婚礼衣装

――お色直しとか、和装、洋装と替えることはございましたか。
○寺島　洋装はいたしません。和装で、一回だけお色直しをしました。
○勝田　私は最初白無垢で、途中から色のついた黒のものを着ました。そして最後に皆さんをお見送りするときに、アフタヌーンドレスの洋服に着替えたのでございます。父は、本当はずっと洋装にしたかったらしいのです。けれども勝田の方がすごい日本式だから、そちらの要求で着物にしました。鬘《かつら》をかぶりまして、洋装にするときにとりました。
○寺島　角隠《つのかく》しはしなかったわね。角が無かったのよ。
○勝田　そうかもね（笑）。そうよね。おかしい（笑）。
○寺島　私は、結婚式の当日に島田を結うため、髪の毛を長く伸ばしていたのです。そうしたら主人はアメリカに十何年もいたので「そんなのは面倒くさい、切って鬘にしろ」というのです。それで結婚前に髪を切って鬘をかぶりました。姉はお相手が半分宮様みたいでしたから、結婚するときにおすべらかしをやったのですよ。私はあんなものとんでもないと思っていましたが、せめて島田には結わなくてはいけないと思って長く伸ばしていたら、「必要ないから切れ」と言われて、髪を作ってもらって、すごく楽でした。

——その頃は皆様、結婚式に備えて髪を長くしていたのですか。

○京極　私は自分の髪の毛で島田を結いました。自然に結えましたから、別に伸ばしませんでした。三つ編みを編んで、首の付け根までの長さがありました。

○寺島　近衛昭子《このえあきこ》さんは長くて、お背中のところまで太い、たくさん御髪《おぐし》があったわね。

○上杉　妹の温《おん》ちゃん〔近衛温子〕もずいぶん長かったわ。家庭によってずいぶんちがいますね。私は全然伸ばしませんでした。姉も短かったのですよ。祖父母も外国的で、家の中の雰囲気はイギリス式だったのです。

○京極　旧式な家と非常にハイカラなご家風とではちがいますね。

○上杉　ずいぶんちがいますね。上杉の家と実家《さと》とは全然ちがいました。

新婚旅行とお国入り

新婚旅行は現在でこそ結婚に伴う重要なイベントとして定着しているが、大正期まではそれほど一般的ではなかった。新婚旅行自体は明治期から行われており、明治十六年、元老井上馨《いのうえかおる》の嗣子勝之助《かつのすけ》が熱海に出かけたのがはじまりとされる。旅行先は熱海のほか湯河原や湘南地域などが多く、上流層から次第に浸透していったという。

四人の談話からは新婚旅行がいちだんと定着していた様子が窺える。四人の行き先はいずれも国内で、現在のように海外旅行が中心の時代からすればつつましくみえる。だが交通の未発達であった当時において、海外は容易に行ける場所ではなかった。まして京極典子以外の三人が結婚したのはヨーロッパで第二次世界大戦が勃発する前後であり、国内では不急不要の旅行はやめようというキャンペーンが張られるなど遊覧旅行が規制される傾向にあった。何かと制約が多いなかでの新婚旅行であったのである。

京極家や上杉家のような大名華族の場合は、結婚後に行われるお国入りこそが重要であった。新夫婦は旧藩地に赴き、祖先を祀った神社を拝し、墓に詣で、地元の旧藩関係者を招いて、お披露目を行う必要があったのである。

○寺島　新婚旅行にはそれほど遠い所には行かないで、箱根に行きました。二、三泊かしらね。

○勝田　私は、アメリカに行く前に志賀高原に参りました。志賀高原には娘時代にスキーでよく行きましたし、ちょうど五月の末で一番きれいなときだと思ったものですから、「志賀高原へ行きたい」と申しましたところ、主人もそれでは行こうということになり、志賀高原温泉ホテルに泊まりました。お客様が居なくてほとんど二人きりだったので、自分たちの貸し切りみたいでとてもよかったのです。

その帰りに、二人とも軽井沢を知っているものですから、軽井沢へ寄って行きましょうということになって、万平ホテルに泊まりました。そうしたら勝田家の母がちゃんとそこで待っていたのです（笑）。軽井沢には勝田家の別荘があり、姑がそこに泊まって私たちが軽井沢へ来るのを待ち構えていたのです。義母は、たいへんな姑で、えらい人なのです。大臣を三回つとめたご主人〔勝田主計〕の上をいっているような方なのですから、すごくたいへんでした。どうしてだか、私の妹や弟も万平ホテルに来たのでございますよ。みんなで写真を撮って帰りました。

義父は気軽に歩いていく人でしたが、姑は近くの町に行くときでも、いつも渋谷という運転手の自動車に乗って行ったそうで、歩いたことがないのです。そういうえらい姑ですから、私の一挙一動をすっかり注目されちゃって、すごくうるさかったです。主人はマザコンなのですよ。主人は秘蔵っ子だったので、私がちょっとでも主人と親しそうにしていると、姑の機嫌が悪くなるのです。それで主人から「お母様の前ではあまり僕に甘くしないでくれ」と言われてしまいました（笑）。

○京極　私は、結婚式は華族会館でいたしました。会館内で神前式の式を挙げ、それから御茶会を開きました。媒酌人には東京帝国大学教授で男爵の穂積重遠《ほづみしげとお》博士にお願いしました。

新婚旅行は箱根の富士屋ホテルに参りまして、その後は、旧臣の方たちとの結婚披露会がございますので、郷里《くに》の丹後へ参りました。その途中、京都に立ち寄り南禅寺のそばの日本旅館に泊りました。そして、京都からまた汽車に乗って宮津、天橋立のちょっと先にある郷里へ参りました。お国入りの際には、みんな峰山駅で迎えてくれました。結構遠いので、これも新婚旅行のつづきでございました。

京極家のお国入り（峰山常立寺京極家廟所前にて，中央典子，左は父高頼，さらに左が夫鋭五〈高鋭〉，昭和９年５月）

――新婚旅行はみなさんよりもう少し前の世代だと、かなりめずらしい行事だったといいますが。

○京極　別にめずらしくなく、決まった結婚の行事の一つだと思っていました。新婚旅行は皆様行っていらっしゃいました。外国に行く方はあまりなかったわね。

○上杉　なかったわね。箱根くらいね。

――そうですか。お国入りは結婚に含まれる重要な行事の一つだったのですか。

○京極　郷里に行って披露をして、それからお墓参りをしたり、町の神社にお参りをしたりすることは、かならずやらなければいけないという気でおりました。あちらでも待っていてくださいます。披露の会は旧臣の方がやっていた旭屋という割烹旅館でいたしました。

○上杉　私のところは伊勢神宮へかならず行くべきだと言われて、新婚旅行は伊勢や奈良、京都へ行きました。行かされたということではありませんが「当然お参りに行かなければいけない」と言われました。それで郷里の方は、翌年の春になって向こうで披露宴をすることになりました。その頃列車だと東京から米沢まで九時間くらいかかりました。私は、悪阻がとても辛く行かなかったのです。ですから郷里の方では評判が悪かったそうでございます（笑）。あとですごく怒られました。

――お国入りはそれだけ重要視されるものなのですか。

○京極　それは、ちゃんとやらなくてはという感じです。あちらでもどんなお婿さんが来るのかと思って期待しているのです。入ってきた人もやはりある程度緊張するのでしょう。けれど主人は緊張していなかったです。十五もちがう大人ですから（笑）。

4 新婚生活

崩れゆく表と奥

四人の結婚は大名家同士、大名家と勲功華族、勲功華族と政治家、勲功華族出身者を婿として迎えるというそれぞれ異なるかたちとなった。それだけに四人の新婚生活もそれぞれの家の伝統、しきたりを反映した個性あるものとなる。

一家の夫人、あるいは若夫人となった四人には、家庭における女中との関係などいろいろと苦労があったようであるが、それにもまして彼女たちが新婚生活をはじめた時期は、大正後半以降の相次ぐ恐慌による経済危機や、戦時体制への移行などをうけて、生活の様相が変貌しつつあった。象徴的なのが、表《おもて》と奥《おく》という体制の崩壊であった。四人は表と奥のある世界で育ったが、結婚後の生活でもこれがあったのは上杉家だけである。京極家は徐々に家計の規模が縮小していき、典子が結婚した後は、表のことは夫婦で取り決めたという。寺島家もかつてはあったのだろうが、米国生活の長い宗従が当主となってからは過去のものとなっていた。勝田家もニューヨーク勤務で表や奥という世界とは無縁の新婚生活であった。

○勝田　私のところは女中頭がいて、その人たちがまた下の女中に命令をしていました。

結婚間もない頃の京極典子（右端，黒田侯爵邸における太祖祭にて，昭和9年5月）

○京極　結婚後はちがいますが、娘時代の家がそうでした。女中頭が仕切っていて、私でもすぐに怒られてしまいました。ですから威張っていますよ。何でもできるし、自然に力をもつのですね。

○勝田　姑のようなもので、母よりもその人に権力があったみたいね。母はそれに従っておりましたね。

○京極　何かするときには、その人に聞いてからした方がよさそうでした。「そんなことなさってはいけません」と、すぐ言われました。「もう寝なくてはいけません」「起きなくてはいけません」「早くお薬を召しあがってお休みなさいませ」「明日お勉強お早いのでしょう」とか。私はすぐに「そんなことしてらしたら、いいお婿さんが来ません」と言われました。

○勝田　私もそれを言われました（笑）。

――家計についてはどのようになっていたのでしょうか。

○京極　私が結婚した昭和九年は、表の人の指図を受けるという家の体制は崩れておりました。それで結婚してからは、主人がきちんとやってくれました。というのも結婚後は、わが家には表の人はなく、使用人は女性だけでございました。ですからお金のことは主人と一緒に二人でやっておりました。娘の頃は、表の人が許可しないと自分では洋服一つ買えなかったので、親が買ってくれるものを着ていました。「何かほしければおっしゃいなさいませ」と言われ、「鉛筆がほしい」と言えば買ってくれるという感じでした。

○上杉　上杉の方の財産は、田舎の山林や田畑とかでした。私もあとで聞いたのですが、舞鶴商事といって、農家へお金を貸して、借りた農家は出来高で返すという金融業をやっていました。東京の家は、そこからお金をよこしてもらっている格好でした。義父は何にも仕事をしていませんでした。米沢の男の人たちと、東京の表のあいだでは「そんなにお金はよこせない」とか何とかと、いろいろとあったそうです。でもそういうことは嫁に行っても何にも知らされませんでした。私は、嫁に行った当時は月にいくらかお小遣いをもらって、子どもができたら、またあといくらというふうに、お小遣いを表からもらっていました。そうしたお金のもとは、米沢からの収入と、東京の昔の下屋敷などを借家にしていたところからの収入でした。

家庭の味

——結婚するとその家のお義母様から、家の味を覚えてもらいますというようなこともあるかと思いますが、どうでしょうか。

○京極　私の場合、お嫁にいったわけではありませんから変わりませんでした。

○寺島　私も両親がおりませんところに参りましたから、全然ございません。それに、主人はアメリカ人みたいな人でしたからね。家には老女みたいな人が居りまして、その人が料理を作ってくれました。ですから、余計な手出しをしてはいけないと思っておとなしくしていました。はじめのうちは（笑）。

○上杉　私が結婚した年の翌年のお正月は、不幸つづきだったので家でお正月をしなかったのです。姑の貴子は外へ出かけてばかりいる人でしたので、それこそ教わる暇もなくて、老女がすべて仕切っている家でした。上杉家のしきたりをあまり知らないうちに、今度は疎開で子どもを連れて田舎へ参りましたでしょう。「物はないし以前のようなお正月はできないよ」といわれているうちに米沢に疎開することになりました。そのときに付いて来てくれた人が新潟の出身でしたので、その人の流儀になってしまいました。台所の手伝いの人が、新潟から来た人が多かったものですから、うちのお正月はむしろ新潟風になってしまったのです。ですから上杉の家のしきたりは、私は全然わからないのです。とにかくすごく地味な家でした。

○勝田　私の場合は、結婚してひと月でニューヨークに行ったものですから。最初に日本で迎えたお正月のお料理は、私の実家《さと》でやるとおりに作ったのです。里芋や人参の切り方もお家によっていろいろちがいますが、実家では丸く切るのです、それをうちの主人から「おまえ、小姑に聞いてこなかったのかい、勝田家のしきたりでやらなくては駄目だ」と怒られました。勝田家は武士の家だから、牛蒡でも人参でもみんな、葱を切るみたいにはすっ掛けに切るのですね。でも、ひと月でニューヨークに行ってしまえば教わる暇も何もないですもの。

主人は何でも勝田家式にやらないと怒るのです。大根も、普通の家では千切りといったら細かく切るでしょう。大根も少し太めに端っこの方を細くして「こっちを少し太く切るというのが勝田家のやり方だ」とかいって、うるさかったわよ（笑）。

V 戦火をこえて

1　嵐の太平洋

日米開戦

昭和十二年（一九三七）七月に勃発した日中戦争は、中国側の粘り強い抵抗によって長期化し、中国を支援するアメリカ・イギリスなどとの関係も悪化した。そして、昭和十六年十二月八日の海軍機動部隊によるハワイ真珠湾の米国海軍基地攻撃を機に、日本は第二次世界大戦へと突入した。

この時期、四人は結婚や出産と家庭的には幸福の中にあった。だがそれぞれの家庭生活にも、戦争へ突き進む国家の影が否応なく及んでいた。日米開戦のとき、寺島雅子《てらしままさこ》は夫宗従《むねより》から日本が米国には絶対に勝てないこと、米国と戦うことがいかに愚かであるかを聞かされたという。アメリカに長期留学し、プリンストン大学を卒業した宗従からすれば米国との戦争は馬鹿げた、日本を破滅に導くあまりにも愚かな選択であった。

勝田《しょうだ》美智子《みちこ》は、朝鮮銀行ニューヨーク出張所勤務の夫龍夫《たつお》にしたがい、昭和十四年七月からアメリカに滞在していたが、まさしく日米関係の悪化を肌で感じることとなった。昭和十六年七月二十五日、アメリカ政府は、日本の南部仏印進出への報復として在米の日本資産を凍結、その影響は勝田夫妻を直撃した。出張所は事実上営業停止状態となり、やむなく一家は帰国することとなったが、風雲急を告げる太平洋にあってことは簡単には運ばなかった。七月には太平洋航路シアトル線・サンフランシスコ線が相次いで休航となった。七月十八日横浜を出港した浅間丸は、在米日本資産凍結による差し押さえをおそれ、サンフランシスコには入らないまま日本に引き返してしまった。美智子が談話のなかで、船が途中で引き返してしまったと語っているのは、このことをさす。その後、十月には最後の太平洋航路である南米西岸線も休航となった。美智子は、絶望的な状況のなか幼い長男を連れて、三ヵ月もの間、サンフランシスコで船を待ちつづけることとなった。その後、勝田一家はなんとか在米邦人引揚船龍田丸に乗り込むことができ、横浜に到着したのは日米開戦まで一ヵ月を切った昭和十六年十一月十四日のことであった。

○寺島　昭和十六年十二月八日は、私は長女のお産のあとで、病院に居りました。浜田病院という病院が駿河台にございまして、そこの院長さんが熊本人なのですよ。退院のお許しが出たのですが、家に灯火管制のための黒い幕の用意がないので、主人から「支度ができるまでもうしばらく病院に居るように」と言われました。「もうちょっと長く居させてほしい」と頼みまして、ずいぶん遅くなってから帰りましたよ。

うちでは、主人はアメリカをよく知ってますでしょう。「あんなのと日本が戦って、勝つなんてとんでもない。早く負ければ日本人も少しは利口になるだろう」「日本人は本当に馬鹿だ」と言っていましたよ。それはもう十二月八日のときからです。アメリカで長いこと学んでいましたから、その偉大さを知っているのです。「大きなものに小さな動物が跳びかかって一所懸命闘っても、

龍田丸（サンフランシスコ港外にて，昭和16年）

どうにもなるものではない」と言っていました。その頃は、大きな声で言えませんけれどね。

○勝田　私の父は戦争反対でした。私が結婚した頃、わが家は平河町から千駄ヶ谷の鳩森八幡の前、今は将棋会館のある場所に移っていたのですが、すぐお隣が松岡洋右《まつおかようすけ》さん〔第二次近衛文麿内閣で外務大臣〕のお宅だったのです。父は大きな声で「松岡はしょうがない奴だ」と言いますので、聞こえるのではないかと冷や冷やしてました。

○上杉　私の父も外交官ですから、早くから「戦争したって……」と言っておりました。とてもいろいろ心配していました。

○勝田　ニューヨークに居りましたときには、アメリカ人からはいつも「戦争したって、ジャイアントとベビーが喧嘩するようなものだから、日本は全然勝てない」と言われていました。

龍夫も戦争に最初から反対でございました。ですから「困った、困った」と言っておりましたよ。一九四一年の七月に銀行に資産凍結令が出たのです。主人は仕事の都合でなかなか帰れなかったので「船が来たら先に帰るように」と言われ、私と息子だけ大陸を横断してサンフランシスコに行き、ホテル・エルコーテッツというスペイン系のホテルに入ったのです。お船が一回来たのだけど、何かで引き返してしまったのです。結局三ヵ月間、サンフランシスコに二人で居りました。そうしたら、そのうちに主人も帰れることになったので、一緒に龍田丸という大きな船で帰りました。船はまっすぐ太平洋を横断して帰って参りました。一刻も早く日本に帰ろうと十八ノットくらいの速力を出して進みましたから、植木でも何でもみんな倒れちゃうのね（笑）。ですから大変でした。女の方は船酔いしてしまって、食堂に出てこないのです。でも私は赤ん坊がいたし、張り切っていたので全然酔わず、私だけ食堂に出ていきました（笑）。

そうして、戦争の少し前に、ニューヨークから帰ってきました。大磯の高麗に実家《さと》の父が居りまして、父が大磯の海の近くに私たちの家を借りてくれましたので、しばらくそこに居りました。そこで十二月八日を迎えました。その日はアメリカで生まれた孫に会いに父が訪ねて来たのですが、その第一声が「とうとうやったな」と言うわけです。父は、山本五十六《やまもといそろく》元帥をよく存じ上げていたものですから、「山本もやりたくなかったのに、とうとうやっちゃった」と言ったのをよく覚えております。父は開戦に反対でした。山本さんも反対でいらしたのに、仕方なくてなさったみたいね。

○京極　そういう方はたくさんいらっしゃったと思います。

陸軍の横暴

開戦直後は破竹の進撃をつづけた日本であったが、国力に優るアメリカが本格的な反抗に出てくると、戦局は急速に悪化していった。戦争完遂の名の下に、彼女たちの生活もさまざまな圧迫を受けるようになる。寺島家は麹町区（現・千代田区）平河町にコンドルが設計した洋館で暮らしていたが、建物の強制疎開によってあえなく取り壊されてしまった。建物疎開とは、空襲に備えあらかじめ計画的に建物を壊して空き地をつくり、延焼を防ごうとするものである。昭和十八年十月の防空法改正により、既存の建物をも除却することが可能となり、翌年一月から実行に移され、多くの建物が強制的に取り壊された。平河町や麹町付近はかなりの箇所が疎開区域に指定されたが、雅子によれば寺島邸が疎開対象になったのは東京万平ホテル（当時は国策会社北支那総合開発）への延焼防止のためであったという。建物疎開は内務省によって進められたが、雅子にとってはむしろ軍部の横暴への反感として記憶された。

勝田美智子には、陸軍の横暴は父原田熊雄《はらだくまお》への迫害的態度によって刻印された。原田熊雄は、筋金入りの親米派と目されており、戦時中は和平工作に関与しているとの疑惑を向けられ、大磯の別邸には憲兵が土足で上がり込んでくることもあったという。

○寺島　私の家は、戦争のときに強制疎開をさせられました。東京万平ホテルが平河町にござい

平河町にあった寺島伯爵邸

ましたが、寺島の家はその隣にあったのです。そうしたら陸軍から「類焼を防ぐために、おまえの家は壊せ」「中身は助けてやるから早く壊せ」と言ってきたのです。いい家だったのに陸軍の兵隊が来てガンガン壊していったのです。身の回りの物を大事に持って行きましたから、中身だけは助かったのです。荷物の入れ場所がなくて困ったわ。
○勝田　その間どこへいらしたの？
○寺島　仕方ないので老松町の実家《さと》に戻ったのよ。
○京極　あのときは本当にひどい目に遭ったわね。
○寺島　遭ったわよね。その頃主人は、谷正《たにまさ》之《ゆき》中国大使の秘書官として南京に勤めておりましたから、家には居りませんでした。ですから私は子どもを連れて簡単に動けました。

○勝田　陸軍って威張っていたのね。
○京極　なんだか恐いの。「そこ退けそこ退け」という感じですね。
○上杉　陸軍が大嫌いですし（笑）。
○勝田　私も大嫌い。
○京極　私も「陸軍の軍人さんにだけはお嫁にいかない」と言っていました。父も「自分もそうだから、そういうことは心配しないでいい」と言っていました。
○上杉　うちでも「婿は陸軍の人は絶対もらわない」と言っていました。陸軍の悪口になって悪いけど。
○勝田　憲兵が一番すごかったわね。私たちは白いパンなんていただけなかったけれども、憲兵さんは、みんなで食べていたそうよ。
○京極　そうなの？
○寺島　「白いご飯を食べていた」とも言うわね。
○勝田　大磯の家の父の枕もとに、グルー米国大使からの手紙があったのですが、憲兵が四、五人で来て、みんな接収して行ったのです。そのとき一部屋を憲兵に提供しました。私の息子は当時まだ四、五歳で小さくて何も分からないので、のこのことその部屋へ入っていったのです。そして出てきたら「ママ、みんな白いパンを食べているんだよ」と言ったのよ。あの頃白いパンなんて、見たことないわね。

憲兵は、何かというと、威張っていましたね。このあいだ六年会で渡辺《わたなべ》昭《あきら》さん〔伯爵〕とお話をしていたら、「原田さんのところにも、土足で上がってきたでしょう」「うちにも土足で上がってきたのです」とおっしゃっていました。憲兵は本当に土足で上がってくるのですよ。

2　女性と戦争

戦中からはじまった変化

昭和二十年八月の敗戦を境に華族としての四人の環境は大きく変わる。だが、そうした変化はもっと前、戦時下において徐々に起こりはじめていた。昭和十三年に公布、施行された国家総動員法によって戦争遂行のため政府はあらゆる人的・物的資源を統制運用できることになっていたが、戦争が激化するにしたがい、総動員体制がいっそう強化され、軍隊へ、生産現場へと多くの国民が動員されていった。華族はこれまで多くの使用人に囲まれた生活を送っていたが、戦時下にあっては余裕ある生活自体が批判と憎悪の的となりかねなかった。家政の担い手の減少にともない、家の経営規模もおのずと縮小を余儀なくされていった。

厳しく生きにくい時代であったが、彼女たちはそれぞれ懸命に生きていくほかなかった。京極典子《きょうごくのりこ》は麹町区二番町に住んでいたが、近所には流行作家の邦枝完二《くにえだかんじ》一家がいた。完二の長女でエッセイストの木村梢《きむらこずえ》が、当時の典子の印象を次のように文章に残している。「その先は京極高鋭《きょうごくたかとし》さん。古川緑波《ふるかわろっぱ》のお兄さまで音楽プロデューサーでいらしたと思う。李香蘭《りこうらん》が原信子《はらのぶこ》さんのレッスンの帰りに寄られているのに出逢ったことがある。華族の御子息で奥のお家がお父様の加藤男爵のお宅であった。京極さんの奥様が又凄く美しい方で戦争中を生きなければならないのがお気の毒なような方だった。なにかというと父が同情していたのを覚えている」(『東京山の手昔がたり』)。典子の懸命な姿は邦枝親子には痛々しく映り、深い同情の念とともに記憶されたのであった。過酷な時代であったが、一方で戦時下を行く抜くなかで自分でできることは自分でという意識と行動が芽生え、苦難はしたたかさを身につけさせた。戦時下の経験は、はからずも戦後の試練を乗り越える苗床となった。

○上杉　戦争中は、女中さんたちを軍需工場に出さなくてはならず、家庭内にあまり使用人を置けないようになりました。ですので、大きな家を持っていられなくなりました。維持ができないというよりも、持ってはいけないようで、使用人をどんどん減らすように言われていました。どこから言われたのかは知りませんが、とにかく女中さんを置けなくなったので、郷里《くに》へ帰したり、軍需工場へ勤めを変えさせたりしていました。

　私が結婚したのは昭和十五年ですが、十五年から六年くらいには、ずいぶん人を減らして、規模を小さくしていました。小さい子どもがいる人は疎開をしていましたし、建物の疎開などもありましたでしょう。

——上杉様は戦争中は米沢に疎開されていましたが、その頃から身の回りのことはご自分でなさっていたのですか。

○上杉　全部というわけではございません。戦争前には、それこそいろいろしてもらっていました。徳川と上杉ではやはり家風がちがいまして、嫁いでからは、私どもには「若い人付き」という御付《おつき》が一人おりました。御付に半ばしてもらっていることと、自分でなるべくするようにしていたこととがあります。

疎開した郷里には事務所があって、男の使用人が何人もいました。作男みたいな畑仕事をしている人がいて、その人が使用人のご飯を作っていました。私どもの食事は、東京から連れて行った女中と私とで作るようにしていました。

東京の家には、両親と女中が一人くらいしかいなかったと思います。東京の家は昭和二十年三月の東京大空襲のときに焼けましたけれど、その頃はほとんど人を使っていられなくなっていました。ですから終戦のあとで急に人を辞めさせたということではないのです。

今お話しました若い人付きの御付の人は、十年ほど前まで家にいました。私は子どもが四人おりましたが、幸いその人がずっといてくれました。その人は上杉の家に入ってから付いたのですが、昔はよく実家《さと》から連れて来ていたのです。私が結婚するときも「お実家から連れて来ますか」と上杉の方でおっしゃってくださったのですけれど、徳川の側で「とかく、そういうのはトラブルになるから付けません」と言ったのです。姑が「元からいる人だと使いにくいだろう」と、結婚する半年くらい前に「若夫婦付き」として新潟から若い女中さんを呼んでくれたのです。その人は結婚もせず、戦争中も一緒に疎開して、十年ほど前に「七十代になって、もう働くのが辛くなったから辞めさせてください」と言うまで、ずっといてくれました。ですから、私はずいぶんとその人に頼っておりました。

年齢は私よりも三つ上の卯年生まれ〔大正四年〕でした。私には、そういう人がずっと付いていてくれました。男の方は、戦後は置いておける状態でなくなったので、みんな辞めました。両親のところには一人だけ事務をする人がいて、ほかに年をとった女の人が二、三人残っておりました。

○京極　自然に縮小せざるを得ない世の中の流れでもあるし、自分の家の経済事情もあったと思いますね。あの頃だと人を雇って奥様ぶっていたら、なんだか殴られてしまいそうでした。

○勝田　そうよね。ですから、人を雇っていても、お料理もガラス拭きもみんな自分でしていました。主人の靴もかならず私が磨いていました。何でもやらないとダメなのね。

○京極　みんなが兵隊に行ったり、女工さんに出たりしているのに、人を使ってノホホンとはできないですね。かいがいしく自分で防火演習にも出なければいけないし、ご近所の振り合いもつかない。偉そうなことはできなかったですね。何事も皆様とおなじように、後れをとらないでがんばらなくてはというか、一所懸命でした。

空襲で九死に一生を得る

戦争が激しくなり、東京が空襲を受ける可能性が高くなってくると、上杉敏子《うえすぎとしこ》は米沢、寺島雅子は小田原、ついで軽井沢といずれも子どもを連れて疎開のため東京を離れることとなった。勝田美智子はアメリカからの帰国後は大磯、ついで東京青山に住んだが、その後は大磯や、沓掛《くつかけ》〔中軽井沢〕の別荘に疎開するなどして戦時中をすごした。一方、京極典子は、夫高鋭が貴族院議員だった関係もあり東京に残った。その結果、彼女は昭和二十年五月二十五日、いわゆる山の手空襲に遭うこととなった。山の手空襲では五月二十五日、午後十時二十三分に空襲警報が出され、その後B29二百五十機により東京の中部・西部の住宅残存地区に徹底的な焼夷弾攻撃が加えられた。京極夫妻のいた麹町一帯は火炎にほぼなめつくされ、五千五百戸以上の家屋が焼失し、二万五千人以上が罹災した。京極夫妻は二番町の自宅を焼かれ、逃げ惑うなか周囲を炎に取り囲まれ、まさに九死に一生を得たのであった。談話は凄惨の一語に尽きるが、そうしたなかでも典子は優雅さを、夫高鋭は余裕とユーモアを失っていないのが印象的である。

○勝田　隣組のバケツリレーや何かがございましたでしょう。うちの主人は「そんな馬鹿なことに出るな」って言うので、出ませんでした。

○寺島　私は妊産婦手帳を持っていたから、そういうことは何にもしませんでした。あんなことしたってどうしようもないと思っていました。

○上杉　私は馬鹿正直にやっていましたよ(笑)。

○京極　私も出てましたよ。うちの前に近藤利平《こんどうりへい》さんという蜂葡萄酒の社長さんがいらして、その爺やさんが二番町の防空演習の団長さんになられたのです。演習にはみんなその辺の奥様たちが出るでしょう。団長さんも命令しにくくて、「申し訳ございません。これから私はちょっと言葉を改めまして失礼なことがございます」とかおっしゃってから「前へ進め」とか「直れ」と号令をかけていらっしゃいました。良い爺やさんでした。

私のところは、主人が貴族院議員だったので議会がございますし、子どもはおりませんので、ずっと二人で二番町に住んでいました。五月二十五日は家にボカボカと焼夷弾が落ちて燃え出してから逃げたのです。もうそろそろ疎開しようと思っていたときで、一部の荷物は疎開させていて、残りの荷物もまとめてありましたけど、そのまま何もかも焼けました。

○寺島　あのあたりはお焼けになったの？

○京極　二番町あたりは焼けちゃったのよ。番町はひどくて、お濠の方はすでに火が回っていて逃げられませんでしたし、あのあたりは大きなお屋敷が多く、道の両側に塀がつづいていたので、いざとなると逃げ場がないのです。あっちにも逃げられない、こっちにも逃げられない。鉄兜が熱くてとてもかぶっていられないので捨てて、靴なんかもいつの間にかなくなっていました。「もう死ぬのかな」と思っていたら、そこに二、三畳くらいの防火用水があったのです。そこへ一人入っていた人がいたので、「深いですか」と伺ったら、「いやちょうど良いです」って（笑）。で、そこへ入りました。そこに一晩中浸かっていて私も主人も命が助かりました。防火用水がたまたまあったから良かったものの、さもなければどこにも逃げられません。だんだん火が迫ってきて、もう轟々たる風が竜巻のようで、まわりは火の海で昼間より明るい状態でした。熱で息苦しいのでコートで顔をおおって、わずかなすき間から息をしていました。そうしたら何方かにコートを取られてしまったのです。息苦しさと、ずっと水の中に立っていることの苦しさのあまり、もう沈んでしまうのかと思っていましたら、主人から「もう火災は山を越したから、あと少しの辛抱だよ。もう少し我慢しなさい」と励まされました。それから防火用水の後ろには燃えさかる塀があったのですが、もしもこちら側に崩れれば終わりでしたところ、幸い反対側に倒れてくれて助かりました。朝火事が止んで、防火用水から這い上がったところで、私は一旦気を失ったのです。あたりを見渡すと、まわりの人はみな真っ黒焦げでした。すべてが焼き尽くされてしまったあとの悲惨なあたりの光景にはただ唖然としてしまいましたね。それから、あらかじめ打ち合わせておいた落ち合い場所の順天堂病院に避難しました。義兄加藤成之《かとうよしゆき》の夫人の父佐藤達次郎《さとうたつじろう》が院長であった縁でお世話になったのです。途中、亡くなった人たちが横たえられていたのですが、そのなかに私のコートがかけられてあるご遺体があったのです。「あれは私のコート」と申しましたところ、主人に「そのままにしておきなさい」と言われ、そのまま通り過ぎて行きました。火に囲まれたとき防火用水にも入れなくて井戸に飛び込んだ方があったらしく、「助けてくれ、助けてくれ」という声が聞こえましたが、もちろん助けることなんてできず、耳を塞ぐよりありません。

番町はもう悲惨なものでした。戦地から帰って来られた兵隊さんに、その話をしたら、「僕は戦地でもそんな怖い思いはしなかった」とおっしゃっていました。本当に怖い思いをいたしましたが、おかげでしたたかになりました。何が来ても自分の力でやらなければ生きられないということを覚えました。他人には助けていただけないときがあることをしみじみと知りました。

空襲後は、うちは親戚がみんな山の手に住んでいて、「うちも焼けた」「あそこも焼けた」という具合でしたから、どこにも逃げていくことができなかったのです。仕方ないので郷里《くに》の峰山へ帰って、しばらくそこで暮らしていました。

○上杉　私は昭和十八年に長男が生まれて、十九年に疎開しました。疎開していたから、そういう怖い思いはしていませんけれど、妹の順子《ゆきこ》は市ヶ谷で焼け出されて、死骸がごろごろしているところを跨いで逃げたと言っていました。東京にいた方は大変でしたね。

○京極　番町と市ヶ谷なんて、ほんのちょっとのちがいでしょう。軍馬が爆弾の直撃を受けて、何か突き刺さりながらも半分生きているとか……、ちょっと思い出したくない感じでした。そんなものがいやでも目に入ってきて、本当にボーッと気が遠くなる感じでした。私は、なんだか気がついているような気が遠くなるようなフラフラの感じで、二番町から順天堂病院まで、歩いてたどり着きました。そこで治療を受けたのです。何しろ火傷をしているなんて気がつかずにいましたから。翌朝歯を磨こうと思って鏡を見たら、自分の顔が赤チンキで豹みたいになっていたのです。まるで痘痕《あばた》みたいになっていて大変でした。自分では熱いことも、夢中で気がつかなかったのです。もう治らないかと思いました。主人は「そっちもそうだろうけど、こっちも『これから先、そういう方とご一緒に暮らすのか』と覚悟していたのだ」とあとになって笑っておりました（笑）。

○寺島　私の実家《さと》の老松町のすぐ近くには、関口台町の教会〔現・東京カテドラル聖マリア大聖堂〕がありましたでしょう。あとで主人がアメリカ人に聞いたら「あそこは教会があるから焼夷弾を落とすな」ということになっていて、その地区に細川家も入っていたのですよ。ですから、うちはまったく無傷でした。

○京極　よかったわね。ガラシャ様のお力よ（一同笑）。

○勝田　千駄ヶ谷にあった原田の家は全部焼けました。青山の私どもの家も焼けてしまいましたが、渋谷区南平台の勝田主計の家は戦争では焼けませんでした。義父が亡くなったあと、その家には一時期、岸信介《きしのぶすけ》さんが住んでいたことがありました。

○上杉　私たちが疎開したあとですけれども、東京の上杉の家は昭和二十年三月十日の空襲で焼けています。実家の方は八王子の農家に大事なものを全部預けて、祖母と両親は原宿に住んでいました。そうしたら八王子の方が焼けてしまいました。ですから何にも残らなかったみたいです。戦争中、両親たちは原宿にいて、その後日光に疎開したのです。

それぞれの終戦

数多くの悲劇を引き起こした長く苦しい大戦は終わった。昭和二十年八月十五日を四人はそれぞれの疎開先で迎えた。寺島雅子と勝田美智子はともに軽井沢にいた。雅子は小田原の疎開先で、東京をめざして飛行するB29の編隊を目撃しているが、知米派の夫をもつだけに、その感想もどこか乾いている。小田原の疎開先は彼女の兄護貞《もりさだ》の日記では古色蒼然とした家屋で、相模湾の眺望がよかったと記されている。

戦争が終わったとき、彼女たちの脳裡には多くの国民と同様、ホッとした気持ちと、将来に対する不安とが交錯していた。雅子・美智子以外に、上杉敏子は夫の郷里米沢で、東京の自宅を空襲で失った京極典子は旧藩があった峰山でそれぞれ終戦を迎えた。なかでも上杉敏子の終戦は、社会主義国ソ連が攻めてくるかもしれないという恐怖と混乱のなかにあった。徳川宗家の出身で、名門上杉家に嫁いだ身としては、その恐ろしさは想像にあまりある。

○寺島　私は昭和十九年から疎開のために小田原に居りまして、相模湾を毎日B29が通りましたよ。B29の編隊は本当にきれいでしたね。「あれが敵機かな」と思ってぼんやりと眺めていました。駿河湾方面、富士山の方をずっと、もう毎日のようにズーッと、きれいに編隊をなしていました。あれが東京に行くと空襲をやったんでしょう。その後、小田原も危ないというので昭和二十年の五月ごろに軽井沢に行ったんです。八月十五日の終戦のときは軽井沢の家のなかでラジオを聴きました。

○勝田　私も義母にいわれて軽井沢に疎開していまして、買い出しに行っている道の途中で天皇陛下のラジオを聴きました。松井田の方まで軽井沢から歩いて、ジャガイモだの何かを買いに行ったのでございますよ。

○寺島　軽井沢はお野菜など何にもできないところなので、買い出しに行かなくてはいけませんでした。

○勝田　主人の姉と二人でリュックサックを背負って、坂を登っていたら中途に田舎家がたくさんございまして、ラジオ放送が聞こえて来るので、びっくりして聴きました。
――お二人のような立場でも天皇の肉声を聴くというのは、もしかしたらはじめてなのですか。
○寺島　はじめてでもございませんね。妹が照宮《てるのみや》様〔成子内親王《しげこないしんのう》　昭和天皇第一皇女子〕の同級生でしたので、よく葉山御用邸に御相手に行ったのです。妹の付き添いで参りますと、天皇様に時々お目にかかりまして、「ご苦労さん」とおっしゃってくださいました。
――終戦はショックでしたか。
○寺島　いえホッとしましたね。だってＢ29も飛ばないし。終わったと思いました。軽井沢は戦争とは無縁でしたけれども。
○勝田　たまに浅間山にＢ29が一機だけ来る程度でしたね。「旋回しています」という放送を聞くだけです。でも電灯に黒い幕をかぶせたりしなくてはいけなかったのです。
○寺島　やはり玉音をうかがって、ホッとしたわね。
○勝田　ホッとしたわねえ。
――ご主人が戻られてから、戦争について話されたことはありましたか。
○寺島　主人はずっと南京に居ましたので、何も話はしません。消息がわからなくなって、ずいぶんいろいろな人に訊きました。その後ヨレヨレになって帰ってきました。
○勝田　主人は、海軍の方から「ジャカルタに行ってくれ」と言われ、少佐待遇で行っておりました。向こうの英国人のわりに上流の人が住んでいたというお家を一軒もらいましてね。よっぽど日本の私たちのほうが貧乏生活のようで、主人は使用人や庭師を使って暮らしていました。海軍の用事で使うときの自動車と、私用の自動車と二台あったり、ずいぶん贅沢なことをやっていたようでした。一時期、日本がどんどん攻めていた頃ですね。戦争の中途で帰って参りまして、終戦のときには家におりました。

○上杉　私は米沢に疎開しましたが、終戦直後、子どものいる人は市内にいられなくなり、田舎の家に移りました。なんでも東北にはソ連が入って来て、日本は二分割されるという噂が立ち、恐慌を来していました。ソ連が東北に来ると、貴族は一番先にさらわれるというすごい評判が立ったものですから、それが怖かったですね。「うっかり街へ出ないほうがよい」「東北まではソビエトになって、ことに貴族は一番ひどい目に遭う」ということでした。それから終戦直後には灯火管制がなくなり、被いや雨戸をしなくても良いことになりました。夏でしたからそういう点ではすごくホッとしました。でも負けてどうなるのだろうということは、すごく心配でしたね。

Ⅵ　華族の戦後

1　混乱のなかで

近衛文麿の自殺

戦後、ＧＨＱの占領下で実施された民主化政策のなかで華族制度は廃止される。歴史の大きな転換点を四人はどのように生きたのか。

敗戦後、華族のみならず国民全体に大きな衝撃をもたらしたのが、昭和二十年十二月十六日早暁、戦犯容疑者とされた近衛文麿《このえふみまろ》元首相の服毒自殺であった。細川・近衛両家の家族ぐるみの緊密な交際はこれまでみてきたとおりであり、寺島雅子《てらしままさこ》にとって近衛の死は衝撃的であった。勝田美智子《しょうだみちこ》においても近衛はクラスメイトの父であり、父原田熊雄《はらだくまお》の親友であった。雅子は、近衛家の悲劇に関して語るとき、言葉すくなく、ひとつひとつ言葉を慎重に選びながら語っているのが印象的であった。雅子の兄護貞《もりさだ》も日記のなかで近衛の死の理由を「或は、戦争責任を至尊にまで及ぼさないと、何人が云ひ得よう。公は最近も人毎に、『陛下に及ぶことがあつては、臣子として生きて居られない』と常に云つて居られた。而して公がよし法廷に立つて、陛下を弁護申し上ぐるとも、時潮と米国の感情は、とても是を防ぎ得ないかも知れない」などと記しており（『細川日記』下）、身近なものたちが近衛の死をいかに受け止めたかが窺われる。さらに近親者にとって近衛の死は、シベリアで抑留されたまま生涯を閉じた長男文隆《ふみたか》の悲劇と重ねて記憶された。「異国の丘」というのは文隆を主人公としたミュージカルで、ボチさんとは文隆の愛称である。

○寺島　近衛さんの戦犯指定は十二月十六日ですものね。親しくしていましたから、自殺なさったと聞き、荻窪の荻外荘にすぐにお顔を拝見しに参りました。とてもきれいなお顔をしていらっしゃいました。

驚きはしましたけれども、あそこで近衛さんがああいうことをなさらなければ、また天皇様まで いろいろとなったでしょうからね……。

――細川家の方々は、近衛さんはそういうことで死を選ばれたというふうに話し合われたのですか。

○寺島　そうです。ええ……。

――近衛家では長男の文隆さんがシベリアにずっと留め置かれていますね。

○寺島　このあいだ「異国の丘」という劇団四季のミュージカルを観に行ったのですけれども、涙が出ちゃったわ。

○勝田　お可哀想だったわね。

○寺島　今思い出しても、いやですね。ボチさんという方はことに明るい方でしたから。

華族でなくなること

昭和二十二年五月三日、日本国憲法の施行にともない華族制度は廃止となる。だが、今日の感覚からすれば意外であるが、当事者である四人はそれほど衝撃を受けなかったという。華族であることに不自由さや束縛を感じながら成長したこともあり、むしろ華族でなくなることをある種の解放感をもって受けとめたという。年齢的にも三十歳前後で、新たな時代状況に対応できるだけの気力、体力を有していたことも大きい。そもそも彼女たちには感慨に浸っている余裕はなかった。戦後の混乱がつづくなか、幼い子どもたちを抱えるなどしながら、日々を生き抜かなければならなかった。

——華族制度が廃止になると聞かれたときは、どのような感慨を持たれましたか。

○寺島　あまり感慨はありません。

○勝田　そんなにね。うちは男爵で一番下だから、どうってことないと思いました。

○寺島　主人は華族よりもアメリカ人みたいな人でしたから平気でしたよ。何も言ってません。実家《さと》の細川家でも、あまり言っていませんでした。私の父は四男ではじめから雑に育っていましたから、ビクともしなかったのじゃないですか。

○京極　うちもまったくないです。宮様のお友だちもおなじようにおっしゃっていました。しがらみがなくなったということほど気楽なことはありませんもの。まだ三十歳でしたし、主人もなんとか自分でやれる気分でしたし、私もなんとかなると思っていました。ただ闇市に行くとお金のある人がお札を持って、いろいろなものを買っているのはちょっと羨ましかったですね（一同笑）。

○上杉　そんなことよりも経済的な落差が大きく、そちらの方が大変でした。義父はお勤めも何もしておりませず、上杉家は財産を田畑に頼っていましたが、みんな不在地主ということで取り上げられました。さらに財産税や富裕税など何重にも税金を取られました。東京の借家も全部ダメになり、収入源を全部国に取り上げられてしまったのです。それで東京の家を物納することになって、ガクッと生活が変わってしまいました。それまでは郷里《くに》から少し援助をしてくれていましたが、ほとんど主人が教えていた山形の師範学校からの収入だけで暮らすことになり、それが大変でした。ですから華族がどうとか、そんなことの方に頭がいかないのです（笑）。まあ解放感もあったように思いますけど。

――華族制度がなくなることに、関係者は大きなショックだったのではと推測していたのですが。

○上杉　以前から自分たちを特別だと思っていないので、変わったという意識がなかったのでしょうか。

○京極　華族だからといって、偉そうに思ったことはないですから。

○上杉　そうね。前からそう思っていなかったのね。今になって思うと、華族の名称が取りはずされたことは、大したことではなかったですね。

○勝田　私の母は、大磯でいろいろな野菜を作っておりました。終戦後、母が「戦争が終わって、この世の中になって良かったわ。美智子。ママは本当に早くこういうことがしたかったわ」と言っていました。解放感がやはりあったらしいです。母は畑いじりが大好きでした。大磯でははじめに居た場所は艦砲射撃でひどくなったので、「少し山の方へ移るように」と郵便局長から言われ、そちらの方に疎開していたのでございます。母はそこで麦踏みをやって、それがまたおもしろいといって喜んでいました。
○京極　今申し上げたように、我々は終戦のとき三十歳前後でしょう。その人たちの考えと、その頃六十歳だった華族の方の考えとはちがうでしょう。我々は解放感の方がはるかに強かったですね。六十歳くらいの方では「これで自分の世は終わった」と思われた方も大勢いらっしゃいました。年代層で感じ方がたいへんちがっておりましたね。
○上杉　そうね。そのくらいの方たちは大変だったみたいです。私たちは、主人の勤めの関係で山形市内にいたのですが、米沢からお米を届けてもらおうと思っていたら、お米を持ってきてくれた人が途中で警察に捕まってしまったのです。「元殿様が闇行為をしてはいけない」ということで、それからはお米も届けてもらえなくなりました。ですからお米とかの生活物資もまったく不自由になって、四キロくらい先にある農家のところまで荷物を背負って買い出しに行きました。にわかに世の中が変わってしまいましたから、私は解放感より、どうやって生きていったらいいかわからず大変でした。その頃、疎開していた親戚の甥と姪を預かっていましたので、その子たちや自分の三人の子どもたちに、着る物を与えて食べさせることが大変でした。

2　戦後を生きる

華族の戦後

第二次大戦後、華族は特権的な地位を失い、経済的にも没落した場合がめずらしくなかった。「斜陽族」といわれた所以である。京極典子《きょうごくのりこ》の夫高鋭《たかとし》も子爵、貴族院議員、日本放送協会理事といった肩書や役職を失ったが、苦境のなかで見出した活路が戦前から行っていた音楽プロデュース業であった。音楽愛好家の高鋭にとってみれば、平和の到来はむしろ活動の舞台をひろげることとなった。こういうときには旧華族の肩書きと人脈がものをいったようで、アメリカのバイオリン奏者メニューヒン〔Menuhin, Yehudi（一九一六〜一九九九）〕や、ドイツのピアニスト、バックハウス〔Backhaus, Wilhelm（一八八四〜一九六九）〕の来日などを手がけたという。高鋭は音楽プロデュースとともに華族の人脈をつうじて学校経営に乗り出し、成功させていった。あとの三人の夫もそれぞれのかたちで戦後の混乱を乗り切りながら、徐々に生活を安定させていった。

○京極　私たちが麹町二番町の家が焼けるまで疎開をしなかったのは、主人が貴族院に勤めており、放棄して避難するわけにいかなかったからです。戦争後には貴族院もなくなりました。NHKの理事もしていたのですが、戦時中の役職者は一掃されてしまい、無職無収入になってしまいました。とくにわが家は不動産が無いのです。というのは、父は財産の持ち方については昔からとても用心深く考えていまして、「不動産は持つな」という考えから家作を持っておりませんでした。

――それは華族の将来に対する不安と備えのためということでしょうか。世の中が変わって華族の財産が押さえられるとか。

○京極　そうです。債券などとちがって不動産は目立ちますから。

それで戦後主人は、いち早く『ミュージカル・アメリカ』というアメリカの音楽雑誌を翻訳して『音楽の友』とかの音楽雑誌や、新聞社の文芸部に売り込んでいたみたいです。そうやって翻訳をしてしのいでいるうちに、福井の殿様で、宮内庁で式部官長をしていらっしゃった松平康昌《まつだいらやすまさ》さんと、相模原市にある相模女子大学を運営していこうという話になったのです。康昌さんが学長で、主人が常務理事です。細々とやっているうちに今の学校になりました。それが収入の道でした。音楽評論と学校経営をしているうちに、だんだん世の中が収まってきたので、外国からメニューヒンやバックハウスとか、ピアノやバイオリンの演奏者を呼びました。新聞社と提携してずいぶんお金になったようです。

新たな習慣へのとまどい

華族制度が廃止されたとき、それほど衝撃を受けなかったとする彼女たちだが、新たな生活をつづけていくなかで、習慣のちがいにとまどうことも多かったという。それが最も端的なかたちとなってあらわれたのが、これまで自然に身につけ、話してきた言葉、いわゆる「学習院言葉」をめぐるギャップであった。普段意識することなく使っているものだけに、それを改めるには余程気を使わねばならなかった。

○京極　私は子どもがおりませんが、ある親戚の子どもが、学習院ではなく他の学校へ入ったのでございます。そして、あるとき、子どもが友だちを家に遊びに連れて来るときに、「お母様、友だちを連れてくるから言葉遣いに気をつけてくれよ」と言うのです。それで、母親が子どもに「あら、私そんなに悪い言葉だった?」と訊いたら、「逆なんだよ」「いろんなことを言わないでくれ」と言われたそうです。前に母親が「あなたはおつむがおよろしいからいいわね」とか言ったらしくて、それでその子どもは生徒のあいだで、「おまえ、おつむがおよろしいのだから、これもしろ、あれもしろ」と言われて、とても困ったのですって（一同笑）。

自分は普通のつもりで喋っていても、「最近は『言葉に気をつけろ』と子どもに言われるようになった」と。そういう話はよく聞かされましたね。

○上杉　そうなのですよ。私も父兄の方たちとお付き合いするのに、学習院言葉を出してはいけないと、すごく気を遣いました。お母様同士のお付き合いは全然ムードがちがうし、皆さん相当のお家の方たちですから丁寧な言葉は遣われるのですけれど、ちょっと学習院言葉とはちがうのですね。なにか微妙なところでニュアンスがちがいますね。

○京極　今の話でも「おまえ、頭がいいのだよ」と言うのなら普通なのですよ。だけど、「あなたは、おつむがおよろしいから」と言うと、からかわれる材料ですよね。

○上杉　今でもよく話に出ますが、「ごきげんよう」なんて皆様おっしゃらないでしょう。父兄会が終わり、帰るときに、どういう挨拶をするのだろうかと思うことがありましたね。そういう言葉遣いはちがうなと思います。

○寺島　とても気を遣いますね。

○上杉　お互いね。「お高くとまっている」と思われてはいけないといった、そういう気遣いはすごくしましたね。

○京極　しましたね。

○勝田　最近の話ですけれど、学習院では「ごきげんよう」という言葉を使わないという話を聞いたのでございます。「お母様、この頃は学習院でも『ごきげんよう』はいけないのよ」と嫁に言われて、びっくりしてしまったのです。ですから、私は「『ごきげんよう』が通じるのは霞会館ぐらいね」と言っていたの。

○京極　でも、今でも私たちもあまり使わないようにしているわね。

○寺島　そうよね。

○上杉　学校のお友だちとか、ここのお方たちには言いますけれども。

○京極　他の方に「ごきげんよう」とか、「ごめん遊ばせ」なんて言わないです。

○寺島　あまり「～遊ばせ」って言わないわね。

○京極　言わないです。気を遣います。

○勝田　「すみません」と言いますね。「ごめん遊ばせ」と言わなくて、「失礼いたします」と言います。

3　華族に生まれ

祖父母たちへの眼差し

戦後や平成生まれを子どもや孫の世代にもつ四人であるが、彼女たちの子ども時代、祖父母は江戸時代生まれというのが一般的であった。いわば彼女たちは、これまでの半生をつうじ江戸から平成という、人と時代の大きな流れを見わたしてきたわけである。そうした彼女たちの眼に祖父母たちはどのように映り、またどのような接し方をしていたのだろうか。

○京極　特別どうと思ったことはないですね。年長者として見るだけでした。父が祖父母の晩年の子ですから、私が生まれたときには、祖父母はもういなかったのです。私は祖父母を知らないのです。

○勝田　私の郷里《さと》の原田家では、大磯に別荘を持ってございました。そこに吉川の祖母〔寿賀子《すがこ》男爵吉川重吉《きっかわちょうきち》夫人〕や、おじ・おばが、夏のあいだ一緒に居りました。昔は祖母を「おばば様」と呼んで、崇め奉っておりました。私はそそっかしい子どもでしたから、そこに行くと母からいつも「おばば様の前ではちゃんとしなさい」と躾けられて、お行儀も良くしました。今の時代、私たちは「ばあば、ばあば」なんていわれちゃってね〔笑〕。婆や扱いになっています。

○上杉　私の場合、父は外交官なので家にいませんでした。母はいましたが、おばあちゃま〔泰子《ひろこ》公爵徳川家達《とくがわいえさと》夫人〕には全然頭が上がらなくて、私たちのことはすべて祖母が親代わりでした。私たちのことをとてもかわいがり世話をしてくれていました。私たちは学校から帰れば祖母の部屋にいって、学校のことでもなんでも話して、お小遣いも祖母からもらっていました。私たちは祖母と親子みたいでしたね。逆に母は気の毒なくらい存在の薄い人でした。ですから、今の自分の性格というか、暮らしそのものの考え方とかすべて祖母から影響を受けていると思います。ですから祖母は昔の人という感じより、むしろ親みたいな、非常に自分に影響している人という感じです。祖母は天璋院《てんしょういん》様〔第十三代将軍徳川家定《とくがわいえさだ》夫人　敬子《すみこ》　篤姫《あつひめ》〕や、静寛院宮《せいかんいんのみや》様〔第十四代将軍徳川家茂《とくがわいえもち》夫人　和宮親子内親王《かずのみやちかこないしんのう》〕の話をよくしてくれました。十六歳でお嫁に来て、お姑さんだか誰だかわからない江戸時代のおばあちゃま方に囲まれてずいぶん苦労して、大変だった話を聞かされました。

○京極　居ずまいはきちんとしていたし、窮屈な方なのですけれども、我々はそれを窮屈と思いませんでしたね。我々もそれがいいことだと思っていました。

○上杉　他との比較をすることがないですからね。もう、そういうものだと思ってしまっていました。時代のちがいは感じません。

○京極　そういうご長老に対しては、ともかく「はい」と承っておく姿勢が子どものときからできているので、ご老人に対して窮屈とか恐いとか、たいへん差があるようには思いませんね。ご長老も私を「典ちゃま、典ちゃま」とかわいがってくださいました。とてもいい関係でしたね。

懐かしいです。

皇室の藩屏として

――皆様は華族の出身ということで、何がしか自分の出身を意識する機会があったと思います。自分は平民ではなく、士族でもなく、華族の人間なのだということをはじめて強く意識した経験などについて、覚えていらっしゃることはありますか。

○京極　それは女子学習院の竹田倭子《たけだしずこ》先生ですね。「あなた方は華族の娘なのですから、何でも他人様の手本にならなければいけない」とよくおっしゃっていました。教えていただかなかった？

○勝田　先生が「あなた方は皇室の藩屏《はんぺい》として」とおっしゃいました。

○京極　学校で先生が「あなた方は、何でも人のお手本になるようにしなくてはいけない」としょっちゅうおっしゃるから、そうなのかと思っていました。家ではそんなことは言われませんでした。

○勝田　家では何も言われません。

○上杉　私の場合は、むしろ祖母がそういうことを言っていました。「ご先祖様の名を汚すようなことをしてはいけない」と、それはしょっちゅう言われましたね。

――「皇室の藩屏」という言葉は、具体的にどういうことなのかとなると、なかなかわかりにくいものですね。
○京極　わかりました。皇室を中心にみんなが皇室をご尊敬申し上げて、お護りしながらご恩に報いて、ちゃんと立派に生きなさいということなのだろうと思っていました。
○寺島　女子学習院は、はじめは華族女学校といったのですよ。
○京極　学習院の先生はそういう教育方針なのですよ。
○上杉　「華族」女学校ですものね。
○京極　男子の方もそうでしょうか？
○大久保　私は昭和九年九月の生まれですから、初等科に入学して、すぐ戦争がはじまったのです。
○勝田　こちらはまだお子様だったから。
○大久保　「皇室の藩屏」という言葉は、私は小さかったので……。でも教育勅語はしょっちゅうでした。それですぐ戦争がはじまりましたから、大詔奉戴日《たいしょうほうたいび》といって毎月八日は「朕茲に米国及英国に対して戦を宣す……」というのがありましたね。
○京極　本当にお若いのよね（一同笑）。
　私の主人は、「皇室の藩屏」とずっと言われどおしで教育を受けたそうです。
○勝田　雅子さん、名簿の名前の下に「華」って書いてあったの、覚えていらっしゃるかしら。
○寺島　そうでしたかしら。

○勝田　士族は「士」と書いてあるのよ。平民はなかったわね。「平」はなかったです。
○京極　そうなの？　知らなかったわ。
○上杉　華族は「華」って書いてありましたね。身分を意識させられましたね。
○京極　でも、そういう人たちとはちがうというようなことはまったく思わなかったです。
○寺島　思いませんよ、そんなこと。
○京極　上杉さんは、ちがうかもしれませんね。
○上杉　やはり責任感というのか、さっきも言いましたように、「しっかりしなければいけない」「ご先祖様に名前を汚すようなことをしてはいけない」とか。考えてみればちょっと特殊な状態ではありましたね。
――華族だということを意識したのは、先祖のことや「皇室の藩屏」という意識が常について回るから、自分自身きちんとしなくてはいけないという考えをもったということでしょうか。
○京極　やはり、それは思いましたね。
○上杉　学校の内部では、友だちなどでもやはり華族の方がたくさんいらっしゃいましたから。
○京極　学校に行くようになってから、そういうふうにしなければいけないのだと思いましたね。学校に行くまではまったくそんなことわからなかったです。

四人は、日本が近代国家として確立し、華族制度もまた安定期であった一九一〇～二〇年代に生まれ育ち、華族としての価値観を家庭や学校で身につけながら成長していった。その後の戦争と戦後の混乱をへて戦後の時代を生きてきたわけであるが、こうした道のりをへて今彼女たちはどのように感じているのであろうか。最後の質問は華族として生まれ今日まで生きてきたことをどう思うかというものであった。

○京極　あの時代に生まれて、こういうふうに育てられたわけですけれども、今思うと自由がなかったように思いますが、それでも私はあれで良かったと思っています。みなさんはどう？

○寺島　私も、とても良かったと思います。それに主人がアメリカ式ですから、だんだん楽になってきました（笑）。

○上杉　さきほどお話したように、戦後に子どもたちをどういうふうに躾けたらよいのか、まったく私たちもそこでとまどってしまいました。ご先祖様だとか華族の娘だからと教育されてきたことが、自分が子どもを育てるときに全然通用しないものですから、そのときにはすごくとまどってどうしてよいかわからなかったです。今までの自分というもの、培ってきた自分の道徳観とか、自分の性格とかいうものと、これから子どもたちをどういうふうに躾けてよいのか、どういうふうに教育してよいのかということが、わからなくて……。世の中が落ち着くにしたがって、華族だからということではなく、「こういうご先祖様だから、ご先祖様は大事にしなくてはいけない」と言ってもいいのだな、とだんだん思いました。終戦のときは、一斉に今までのことはみな帳消しみたいになってしまって、さてこれからどうしよう、自分もどういうふうに生きていったらよいのか、子どもたちをどういうふうに育てていけばよいのかとかすごくとまどいました。それまでは箱入り娘ではないけれど、そういう社会に育ってきましたから。でも、だんだん世の中が落ち着いてきて、ご先祖様を大事にしなくてはいけないということは、別に世の中が変わってもおなじなのだなと思って、子どもたちには言い聞かせていました。

――長い間どうもありがとうございました。

参考文献

Ⅰ

松平豊子『春は昔―徳川宗家に生まれて―』（文芸春秋、二〇一〇年）
保科順子『花葵―徳川邸おもいで話―』（毎日新聞社、一九九八年）
寺島雅子『梅鉢草』（山桃舎、一九八五年）
石田茂作編『老松町の殿様』（私家版、一九七一年）
勝田龍夫『重臣たちの昭和史』（文芸春秋、一九八一年）
クラウス・クラハト『クリスマス―どうやって日本に定着したか―』（角川書店、一九九九年）
新田一郎『相撲の歴史』（山川出版社、一九九四年）
和歌森太郎「勧進相撲の発達」（雄山閣出版株式会社講座日本風俗史編集部編『講座日本風俗史』三、雄山閣出版、一九五八年）
池内信嘉『能楽盛衰記』（東京創元社、一九九二年）
日本写真協会「日本写真界の物故功労者顕彰録」（東京都写真美術館編『夜明けまえ　知られざる日本写真開拓使Ⅰ　関東編』東京都写真美術館、二〇〇七年）
酒井美意子『加賀百万石物語―秘史・前田家の戦争と平和―』（主婦と生活社、一九九二年）
黒岩比佐子『明治のお嬢さま』（角川書店、二〇〇八年）

Ⅱ

女子学習院『女子学習院五十年史』（女子学習院、一九三五年）

学習院百年史編纂委員会編『学習院百年史』第一編（学校法人学習院、一九八一年）
鍋島元子編『徳不孤　殿さん先生のあの日あの時　鍋島直康追悼録』（私家版、一九九九年）
朝吹登水子『私の東京物語』（文化出版局、一九九八年）

Ⅲ

安島博・十代田朗『日本別荘史ノート』（すまいの図書館出版局、一九九一年）
鈴木昇『大磯の今昔』四（私家版、一九九〇年）
真間千代子・橋本ソメ子「三代続いた海水茶屋」（『リポート　大磯町郷土資料館だより』一二、同館、一九九五年）
大磯町郷土資料館編『元祖海水浴場・大磯―東京中のしゃれた奴らがやってきた！―』（同館、二〇一〇年）
畔柳昭雄『海水浴と日本人』（中央公論新社、二〇一〇年）
北条誠・酒井美意子・霜山操子編『皇女照宮』（秋元書房、一九七三年）
宮原安春『軽井沢物語』（講談社、一九九一年）
坂上康博『スポーツと政治』（山川出版社、二〇〇一年）
原田敬策『テニス軽井沢ハワイアン』（私家版、一九九七年）
古川隆久「昭和戦中期の軽音楽に関する一考察―カルア・カマアイナスについて―」（『日本大学文理学部人文科学研究所研究紀要』第七四号、二〇〇七年）
日本体育協会『スポーツ八十年史』（日本体育協会、一九五八年）

Ⅳ

帝国ホテル『帝国ホテル百年史』（帝国ホテル、一九九〇年）
帝国ホテル『帝国ホテル百年の歩み』（帝国ホテル、一九九〇年）

東京会館『東京会館いまむかし』（東京会館、一九八七年）
南博編『近代庶民生活誌』九　恋愛・結婚・家庭（三一書房、一九八六年）
白幡洋三郎『旅行ノススメ　昭和が生んだ庶民の「新文化」』（中央公論社、一九九六年）
財団法人日本交通公社社史編纂室編『日本交通公社七十年史』（日本交通公社、一九八二年）
古川隆久「京極高鋭の思想と行動」（『軍事史学』第四四巻第二号、二〇〇八年）

Ⅴ・Ⅵ

朝鮮銀行史研究会編『朝鮮銀行史』（東洋経済新報社、一九八七年）
『日本郵船戦時船史』上下巻（日本郵船株式会社、一九七一年）
財団法人日本経営史研究所編『日本郵船株式会社百年史・資料』（日本郵船株式会社、一九八八年）
土田宏成『近代日本の「国民防空」体制』（神田外語大学出版局、二〇一〇年）
川口朋子「戦時下東京・京都における建物疎開執行体制」（『人間環境学』一八、二〇〇九年）
中安宏規『万平ホテル物語─軽井沢とともに一〇〇年─』（万平ホテル、一九九六年）
木村梢『東京山の手昔がたり』（世界文化社、一九九六年）
東京都編『東京都戦災誌』（東京都、一九五三年）
『新編千代田区史』通史編（千代田区、一九九八年）
『千代田区史』中巻（千代田区、一九六〇年）
「東京大空襲・戦災誌」編集委員会編『東京大空襲・戦災誌』第二巻（講談社、一九七五年）
細川護貞『細川日記』上下（中央公論新社、一九七九年）

あとがき

本書を終えるにあたり、私たち華族史料研究会について少し触れておきたい。本会は中園裕（現・青森県史編さんグループ主幹）と内藤一成が、自分たちで近代史料を発掘してみようと意気投合し、平成十一年（一九九九）三月に誕生した。貴族院をテーマに研究を行っていた内藤の希望で貴族院議員経験者や少なくとも戦前段階で成年に達していた旧華族を対象にオーラルヒストリー調査を試み、あわせて所蔵史料の整理、分析を行おうということになった。

研究会といっても正式な名称もない（本会を名乗るようになったのは平成十九年からである）手弁当のささやかなもので、最初は中園・内藤の恩師である沼田哲先生のゼミ生を誘い、さらに史料調査に関心をもつ大学院生に声をかけていった。本書の執筆者水野京子・土田宏成・清水唯一朗・今津敏晃はいずれも研究会発足後まもなくからのメンバーで、当時の会員はほとんどが大学生、大学院生であった。活動資金は乏しいが熱意と時間だけは充分あるので、事前準備からテープ起こしに至るまですべて自分たちで行った。メンバー個々の研究関心は異なっていたが、調査はその場になってみなければわからないことが多いことから、むしろ互いの不足や未熟さを補い合うことができた。

会は、当初の目的にそって社団法人尚友倶楽部調査室上田和子氏のコーディネートのもと三島義温・清岡長和・大村泰敏・三宅直胖各氏にオーラルヒストリー調査を行い、私家版の談話速記録を作成した。いずれも貴重で興味深い内容であったが、その過程で痛感したのが女性に対する同様の調査の必要性であった。そこで私たちは上田氏ならびに社団法人霞会館常務理事大久保利泰氏に相談した。このとき大久保氏からご紹介いただいたのが本書で貴重な談話を披露してくださった京極典子・寺島雅子・勝田美智子・上杉敏子各氏であった。四人は年齢が近く、定期的に顔を合わせるなど気心が知れており、単独ならば躊躇されるかもしれないが四人揃ってならば協力していただけるだろうということで打診したところ、快く応じてくださった。座談形式の場合、話が薄まってしまったり、悪くすると互いに牽制し合ったりしてしまうことが懸念されるが、これらは杞憂であった。むしろ四人の方こそ、私たちの拙い質問の意図を汲み取って丁寧にお答えくださった。さらに調査後も私家版による談話速記録作成や本書の準備にいろいろとご協力くださるなど一連のご厚誼に対して深く感謝を申し上げたい。

ただ残念なことに、本書の刊行に間に合うことなく寺島氏が平成十七年に、上杉氏が平成十九年にそれぞれお亡くなりになってしまった。まことに痛恨の極みである。無論、私たちも手を拱《こまぬ》いていたわけではないのだが、調査終了から八年あまりという歳月はさすがに長すぎた。今は天国のお二人に本書を捧げ、ご冥福を祈りたい。京極・勝田両氏は今もご壮健であり、ともに本書の完成を祝うことができるのはこの上ない喜びである。お二人のさらなる健康と長寿を心より願う。

本書の完成には四人のほかにも多くの方のお世話になった。まずは調査をコーディネートしてくださった大久保・上田両氏に感謝を申し上げなければならない。大久保氏は、私たちと四人やそのご家族との仲立ちをしてくださり、本書の編纂に際しても、多くの助言をいただいた。上田氏からは、会の発足以来いつもあたたかく活動を励ましていただいている。三島昌子氏（三島義温氏夫人、四人の後輩にあたる）からは女子学習院についてご教示いただいたほか、本書のためさまざまな労を執っていただいた。史料調査や写真掲載では、京都大学大学院法学研究科准教授奈良岡聰智氏、大磯町郷土資料館学芸員曽根田貴子・山口由紀子両氏、日本郵船歴史博物館学芸員矢後美咲氏、学習院アーカイブズ準備室桑尾光太郎氏、学習院女子中等科・高等科教諭延智子氏よりご協力を得た。いずれも厚く御礼申し上げる。

本書の刊行には吉川弘文館のお世話になった。長年陽の目を見なかった本記録に刊行のきっかけを作ってくれた阿部幸子氏をはじめ関係する皆さんには深甚の感謝を捧げたい。

会が誕生して十二年、私たちは多くの方々に支えられながら活動をつづけてきた。本書の編纂メンバーは現在ではいずれも仕事をもち、かつてのように全員が揃うことはむずかしくなったが、オーラルヒストリーを専門領域とする者、アーキビストとして活躍する者など、これまでに培った経験と専門性によって会を支えている。近年は神谷久覚・清水善仁・荒川将らがメンバーに加わり、さらに他の研究者やグループと連携しながら活動をつづけている。主なものをあげるとオーラルヒストリーに関しては大河内輝義・大村光子（大村泰敏氏夫人）・四條淑子各氏に対する調査を実施し、また清岡長和氏のオーラルヒストリーを『私の九十余年　折々の想い出』と題して刊行した。史料調査では、大村夫妻のご紹介により「四條男爵家文書」の調査を行い、『東京大学日本史学研究室紀要』で四回にわたって紹介した。現在は「近藤廉平関係文書」「三島通陽関係文書」の整理に取り組むなどしている。「継続は力なり」というが、十二年に及ぶ会の歩みは蝸牛のごとく遅々としており、内心忸怩たるものを禁じ得ない。本書に対してはその思いを一層深くするところであるが、それも私たちが貴重な談話を咀嚼し、熟成させるための時間となったとすれば、せめてもの救いである。いずれにせよ、ようやくたどり着いた本書の完成を会の里程標にすえ、新たな前進への糧としていきたい。

華族史料研究会

平成二十三年三月　雛祭りの日に

執筆者紹介（生年／現職／主要著書・論文）

内藤一成（ないとう　かずなり）　担当＝総編集ならびに第Ⅰ章
一九六七年／法政大学文学部准教授／『貴族院』（同成社、二〇〇八年）、『河井弥八日記　戦後篇』第一巻（共編、信山社、二〇一五年）

水野京子（みずの　きょうこ）　担当＝第Ⅱ章
一九七五年／国立公文書館業務課専門官／『私の九十余年　折々の想い出（清岡長和オーラルヒストリー）』（共編、新樹社、二〇〇八年）、「四條男爵家文書（3）」（『東京大学日本史学研究室紀要』一二、責任編集、二〇〇八年）

今津敏晃（いまづ　としあき）　担当＝第Ⅲ章
一九七四年／亜細亜大学法学部准教授／「一九二五年の貴族院改革に関する一考察―貴族院の政党化の視点から―」（『日本歴史』六七九号、二〇〇四年）、「四條男爵家文書（2）」（『東京大学日本史学研究室紀要』一一、責任編集、二〇〇七年）

清水唯一朗（しみず　ゆいちろう）　担当＝第Ⅳ章
一九七四年／慶應義塾大学総合政策学部教授／『政党と官僚の近代―日本における立憲統治構造の相克―』（藤原書店、二〇〇七年）、『原敬―「平民宰相」の虚像と実像―』（中央公論新社、二〇二一年）

土田宏成（つちだ　ひろしげ）　担当＝第Ⅴ・Ⅵ章
一九七〇年／聖心女子大学現代教養学部教授／『近代日本の「国民防空」体制』（神田外語大学出版局、二〇一〇年）、『災害の日本近代史』（中央公論新社、二〇二三年）

華族令嬢たちの大正・昭和

二〇一一年（平成二十三）五月二十日　第一刷発行
二〇二四年（令和　六　）三月二十日　第五刷発行

編　者　華族史料研究会《かぞくしりょうけんきゅうかい》

発行者　吉　川　道　郎

発行所　株式会社　吉川弘文館
郵便番号一一三―〇〇三三
東京都文京区本郷七丁目二番八号
電話〇三―三八一三―九一五一〈代表〉
振替口座〇〇一〇〇―五―二四四番
https://www.yoshikawa-k.co.jp/

印刷＝株式会社　ディグ
製本＝ナショナル製本協同組合
装幀＝伊藤滋章

ISBN978-4-642-08054-5